2億円稼いだ投資家が教える!

神速《KAMISOKU》株投資術

上岡正明
KAMIOKA MASAAKI

ダイヤモンド社

はじめに

最初から知っていれば儲かったこと、損しなかったことが、世の中にはたくさんあります。たとえば、あなたが株式投資で思うような成果が出ていないとします。

もしくは、成果は出ているものの、相場が不安定になるたびに、それまでこつこつ貯めてきた利益を吐き出しているとします。

だとしたら、当然、これまでの行動を変えなければなりません。

思うようにうまくいっていないのであれば、それはすべて、株式相場のせいではありません。自分の「実力」が足りないのです。

その場合、自分の行動の積み重ねが、明らかに間違っていたことに気づかなければなりません。今と違う行動でしか、今の問題は解決されないのです。

その問題が解決されなければ、その先にある未来も、決して変わることはありません。

この本であなたに一番伝えたいこと

冒頭から、少し手厳しいお話をしました。

はじめてこの本を読んだ読者の方は、少し驚いていると思います。

あるいは、怒りとともにこの本を閉じてしまうかもしれません。

しかし、私はこの本の読者とは、株式投資を通じた真剣勝負で臨みたいと考えています。

そのため、あえて遠慮はしないことに決めたのです。

そもそも、あなたの大切なお金を使って株式投資をするわけです。そこに、優しさは必要でしょうか。もし、私が逆の立場ならこう考えます。

「余計な優しさはいらない。そのかわり、本当に株式投資で勝つ方法を教えてほしい」

さらに、「自分に足りないところを指摘して、どうすれば良いかを示してほしい」とも。

これは、なにも私に限ったことではありません。

大切なお金を失う恐怖に比べれば、誰でも、正しいやり方を、きちんと学ぶことを優先するはずです。

とくに、株式投資で1億以上の資産を築きたい人、あるいは投資がうまくいかずに資金を失っている最中の人なら、なおのことです。

今起こっている問題は、これまでのあなたの**「考え方」**を続けてきた結果でしかありません。それ以上に、相場に対する**「見方」**が間違っていたのかもしれません。

あるいは、売買などの**「やり方」**が未熟だったのかもしれません。

逆を言えば、本書で紹介する**「考え方」「見方」「やり方」**の3つをきちんと手に入れれば、**株式投資は誰にも平等にチャンスを与えてくれます**。

そこに、性別も年齢も関係ありません。

ただ実力があるものだけが勝ち残る、誰でも参加できるトーナメントなのです。

株で儲けるための武器を手に入れよう

もし、あなたが株式投資によって、よりよい未来を築き、将来の不安を明るいものに変えたいのであれば、より成功に近づく「選択」をすることでしか問題は解決されません。

そう、シンプルに考えることが大切です。

私は株式投資家であると同時に、会社も経営しています。そうしたなかで、数多くの日本を代表する経営者にお会いしてきました。そうして、気づいたことが1つだけあります。

それは、**一流の成功者は、一流の考え方をしている**ということです。

株式投資も同じです。最初は面白いように勝ち続けるかもしれません。

とくに景気が右肩上がりで、相場が過熱しているときはそうでしょう。

しかし、その先も成功し続けて、株式投資で大きな財産を築く人は、きちんと大切なときに、必要なことを手に入れた人だということを忘れてはいけません。

これから先、**さらに勝ち続けるには、正しい方向での努力が必要**なのです。

だからといって、成功者の言葉や使っている道具だけを真似しても、意味がありません。難しい専門用語やテクニックだけを必死に覚えても、株式投資では勝てるようにはなりません。

では、どうすればいいのか？　より良い成果をだすためには、まずあなたの「考え方」「見方」「やり方」を変えることです。スポーツでもトランプでも、勝つための方法を知らなければ、ゲームに勝つことはできません。

同じように、ビギナーズラックでなく、どのような状況でも勝ち続けるためには、正しい相場の「考え方」と、戦略の「見方」を身につけて、「やり方」、つまりは株式投資の技術を高めていく必要があります。

本書ではそのために必要なことを、すべて一冊にまとめました。

最速で勝つ投資家になる2ステップ

たとえば、プロの投資家や株式投資の上級者だけが知っている「知識」や「技術」があ

るとします。しかし、そうしたことを全部無視して、

「何時間、株の勉強をすれば成功しますか」

と質問するのは、成果に直結しない人の考え方です。

一方、株で最速で成功する人は、

「何を、どの順番で学べば、株で勝てるようになりますか」

とたずねます。

もちろん、本書もそのコンセプトで作られています。

しかし、99%の投資家がこういう発想をしません。

あるいは、それらを手に入れる前に、どんどんお金を減らしていきます。

すると、どうなるでしょうか？

両者の勝率は縮まるどころか、差が開くばかりです。

だから、ほとんどの投資家が勝てないのです。これはフィクションでもなんでもありません。これこそが、株式投資のリアルなのです。

いくらモチベーションばかりが高くても、地図が間違っていたらゴールにたどり着けないのと同じです。

であれば、その地図を、どのタイミングで手に入れるべきでしょうか？

あなたなら、そうした地図があったとしたら、いつ手に入れたいですか？

そう、今です。本気で株式投資で成功したいのであれば、今をおいてほかにはありません。

準備を始めるなら早いほどいい

「あなたは、株式投資で勝てるタイミングが来て、はじめて勝つための準備をするのですか？」

これは、私がよくセミナーなどで投資家に投げかける質問です。

この答えを間違える投資家はいません。

誰もが、本当は知っています。それでは、遅すぎると。

会社のリーダーになるような人は、そうなるずっと以前から、たくさんの本を読んだり、セミナーに参加するなどして、努力を続けてきた人です。

まだそうでないときから、周りのデキる上司を真似て、行動や考え方を手本にして、後輩に指示を出すなど積極的に実践してきた人です。

そういう人は、同時に、失敗したならそのままにせず、その理由を探します。

すぐに修正もします。

行動からなにを学んだかは、株でもビジネスでも、非常に重要なことです。

とくに、将来株で成功する投資家は、この「失敗」をとても大切にします。

投資にはリスクがつきものです。

どんなに優れた投資家でも、それこそ専業と呼ばれるプロの相場師でも、リスクをゼロにすることはできません。

成功することもあれば、失敗ばかり続くこともあります。

本章でも詳しく述べますが、実は最初の1手目の勝率は、プロもアマチュアもそれほど変わりません。

大切なのは、そのあとでどう行動するか。そして、どう失敗を味方につけるかです。

大成したスポーツ選手のほとんどが、失敗をチャンスに変えて、自分をひとまわりもふたまわりも成長させています。

失敗こそ賢くなるチャンス。そう考えることが、株式投資では大切なのです。

失敗したときに他人のせいにしたり、経済や政治の責任にせず、そこから自分の至らない部分を見つけ出して学ぶようにすれば、あなたの知識や経験はどんどん増えていきます。正しい判断を、より早く出せるようにもなります。

勝つ投資家の条件は意外とシンプル

あえて誤解を恐れずに言えば、

「経済を勉強するために株をやる」というのも間違いです。

そうした甘い考えを口にする投資家は、プロの投資家から見れば、格好の標的でしかありません。

経済の勉強をしたければ、正直、経済学の本を読むなり、ファイナンシャルプランナーの資格の勉強をしたほうが、よっぽど効率がいいはずです。

生き馬の目を抜くような株式投資の世界で、勝ち残ることだけを追求せずに、同時に経済を学ぶなどというのは不可能に近いことです。

厳しいようですが、そうした言葉遊びに、どうかこの本の読者の皆さんは逃げないでほしいのです。

「相場でお金を稼ぐ」

この当たり前の目的を果たせない限りは、日経新聞を読むために費やした時間も、四季報を購入してきたお金も、すべてが無駄です。

今一度、株式投資の本来の目的を明確にすることです。

そうでなければ、あなたも、その他大勢の負け組の一人になってしまうでしょう。

冒頭でもお話ししましたが、私は投資家であると同時に、経営者でもあります。

それが株式投資であれ、会社経営であれ何かを成し遂げようと考えるときは、かならず「何のために」という目的を考えます。すると、面白いことに「いつまでに」「何を」「どれぐらい必要か」ということが見えてきます。

すでに同じ目的を達成した人が、どのような人かも、意識するようになります。

具体的なイメージができあがり、かかる時間も明確になります。あとは成功するための行動を積み上げていくことで、自然と結果がついてきます。

仮に、あなたが「経済を勉強するために株をやる」ことを目的にするのであれば、どのような投資家像をイメージするでしょうか。

少し想像してみてください。はたして、あなたの中にある成功したイメージと、そうした投資家の姿は、ぴたりと重なりますか。

なんの違和感も疑問もなく、「そう、これこそが私の成功した姿だ」と言えますか。

もし、言えないのなら、今日からそのようなことを口にするのはやめてください。

そうしたことが書かれた本も、書棚の一番奥にしまってください。

これからお教えする3つの大切なことのなかでも、とくに最初の「考え方」が、株で成功するためには一番大切なのです。

ライバルより速く成長した投資家が勝つ

この本を執筆するにあたり、私には大切にしたことがあります。

冒頭でもお伝えしたとおりです。

「読者に、優しく」

「読者が、やる気になるように」

「読者も、株式投資を簡単だと感じるように」

というようなことを、私は一切気にしないことにしたのです。

モチベーションなど、相場ではなんの役にも立ちません。

株式投資は簡単だと言ったところで、実際に自分自身で勝てるようにならなければ、大切な資金を失うだけです。多くの資金を失えば、困るのは私ではなくあなたです。

また、あなただけでなく、あなたの大切なご家族も路頭に迷うことになります。

それだけは、ぜったいに避けなければなりません。

だからこそ、この本に余計な「甘え」は必要ないと思ったのです。

もちろん、そうした考え方に共感できない読者の方もいると思います。

ただ、この本の読者は、ほとんどが社会人だと思います。

そうした社会人の方なら、一度は感じたことがありませんか。

小学校の運動会で競争させないことが取りざたされるたびに生じる、なんともいえない不安を、です。

現実社会は厳しいものです。

そこでは、**実力ある者が勝ち、人より速く成長する者が勝ちます。**

株も、これとまったく同じ原理が働きます。

同じ時期にスタートしたのであれば、人より速く成長した投資家のほうが勝つのです。

1億を達成したサラリーマンの話

一方、矛盾に聞こえるかもしれませんが、株式投資が難しいかというと、私はそうは思っていません。

サラリーマンや主婦の方々に平等に与えられた、富を築くための、限りなくフェアな切符だと考えています。

現に、日経ヴェリタスが２０１７年に、「１億円長者の素顔」というタイトルで日本の個人投資家１０００人に調査したことがありました。

その結果、１億円を手に入れた投資家の３割が普通の会社員。つまり、サラリーマン投資家だということがわかりました。

しかも、驚いたことに世帯年収１０００万円以下が４割を占めます。

また、約８割が日本株を保有し、日本の「失われた20年」の間に、着実に資産を増やしていました。興味がある方は、ぜひバックナンバーを取り寄せるか、図書館などで調べてみると良いと思います。

さて、普通の読者なら、この記事を読んで、どう感じるでしょうか。

おそらく、こう考えるのではありませんか。

「自分と同じ年収のサラリーマンでも、株で1億円稼げた。だったら、自分にも同じようにチャンスがあるに違いない」

もちろん、それはとても正しい考え方です。

ただ一方で、私はこうも考えます。

「最初のステージで儲からずに足踏みしている投資家と、同じような境遇にいながら1億円を稼いだ投資家を分け隔てている壁は一体なにか?」と。

その「壁」を見つけ出して、取り除いてあげれば、本当の意味でこの本の読者にもチャンスが広がるはずです。

そうして、私が行き着いた答えが、これから紹介する「考え方」「見方」「やり方」を基本とした**「神速株投資術」**でした。

それも、できる限り短期間でマスターする。その期間の目安は、90日。

期間を決めた理由は、次章から詳しく説明していきます。

もちろん、簡単なことではないかもしれません。

そのため、私も真剣勝負でこの本を書くことにしたのです。

ノウハウの出し惜しみもしません。すべて、私が株で1億を達成するまでに手に入れた本当の実践方法ばかりです。

そのかわり、読者にもいらぬ気遣いはしないことに決めました。

常に直球ストレートで伝えます。成功につながらない「甘え」や「優しさ」など、本書では必要ないと考えたからです。少なくとも、今のあなたにとっては、不要だと思います。

たった3日で身につくことは誰でも3日で身につけられる

会社の経営をしながら本の出版を続けていると、同じ経営者や起業を目指す若者向けに講演を頼まれることがあります。その後、私のブログなどを見て、わざわざオフィスまで訪ねてきて、助言をもらいにきたりもします。そうしたとき、それがサラリーマンであれ、主婦や学生であれ、私の意見はいつも厳しいものです。

「競合を調べていない？　なぜ、弱小のあなたが調べていないのですか？」

「どうして、あなたにお金を払う人がいると思うのですか。無名のあなたに人が集まる理由を説明してください」

「集客の本を読んでいない？　マーケティングは他人任せですか。類書を3冊も読めば身につくことを、なぜしないのですか」

「忙しいと言い訳ばかりしますが、起業したらもっと忙しくなります。時間に余裕があるのは、今しかないんですよ」

相手のことを思うから、こちらも真剣になる。

私だって、人に嫌われることが好きな変人ではありません。

真剣だから厳しいのです。どうでもよかったら、「すばらしいアイデアですね、じゃあ、頑張ってください」とその場で握手して終わりです。

たった3日で身につくことは、誰もが3日で身につけられます。

戦い方も知らない投資家に、いくら勇気ばかりを注入しても、決して相場では勝てるようにはなりません。もしあなたが、これからはじまる第1章のタイトルを見て、気持ちが萎えてしまったならば、正直、この本は向いていないかもしれません。

『オズの魔法使い』と同じです。ラクして成功できる魔法の国など、最初からこの世界には存在しないのです。

それでも、前に進もうとする人だけが本書で紹介する「考え方」「見方」「やり方」の3つを手に入れられます。

それらを武器に相場で戦っていけます。あなたなら、きっとやれるはずです。

15年前、今のあなたとまったく同じスタートラインに、私も立っていたわけですから。

上岡正明

2018年6月

神速株投資術■目次

はじめに
■この本であなたに一番伝えたいこと……3
■株で儲けるための武器を手に入れよう……5
■最速で勝つ投資家になる2ステップ……6
■準備を始めるなら早いほどいい……8
■勝つ投資家の条件は意外とシンプル……10
■ライバルより速く成長した投資家が勝つ……12
■1億を達成したサラリーマンの話……13
■たった3日で身につくことは誰でも3日で身につけられる……16

第1章 株式投資に魔法はない

1　投資家としての成長スピードをあなたは意識していますか？ 26
2　あなたはどの投資家タイプ？ 29
3　株式投資は離陸時が一番危険 34
4　勝つ投資家は選択肢が多い 38
5　あなたが学んだことは、行動の拡張にどれだけつながっているか？ 40
6　株式投資で成果を出すための公式とは 42
7　90日間で勝ち残る投資家になる 44
8　なんのために株式投資をするのか？ 48

第2章 スタートダッシュがその後の運命を変える

1　勝つ投資家になりたければ、まずはスタートダッシュを決めなさい 52
2　勝つ投資家は口ぐせが違う 55
3　株も立派なビジネス 57
4　株の動きを予測するコツ 59

5 将来の動きばかり予測しても限界がある 63
6 相手を上回る速度で成長すれば必ず勝てる 66
Column 1 ビジネスと株式投資に共通するポイント 68

第3章 株のアマチュアから90日で勝てる投資家になる

1 技術だけでは勝てるようにならない 72
2 「考え方」×「見方」×「やり方」の3つが大切 75
3 1億円の達成は、同じことを6回繰り返すだけ 78
4 成功している投資家と失敗している投資家の違い 80
5 これが、あなたが株で勝つための神速株投資術だ 84
6 株式投資の戦略や戦術に必要なものとは 86
7 目的があるから挑戦できる 89
8 神速株投資術があなたの株式投資を変える 91
Column 2 わからないからと、誰かに丸投げしない 93

第4章 【ホップ】株式投資のスタートダッシュを決める

1 株の上級者になる3つのポイント 98
2 株で成功したければ、最初に目的を決めなさい 101
3 目的があなたの成長を加速させる 106
4 株式投資の成功の原則をそのままインストールする 109
5 常識を変える〝株は負けから入るゲームである〟 115
6 プロ相場師は、道具、チャート、考え方の3つを大切にする 120
7 株の失敗を味方につける 122
8 株の世界の表と裏は、世界地図を反転した世界と同じ 125
9 失敗こそ賢くなれるチャンス 129

第5章 【ジャンプ】神速株投資術の8つの戦略

1 市場はコントロールできない 134

2 成功する投資家になる8つの戦略 136
3 あなただけの必勝の組み合わせを選択せよ 140
4 あなたには、どれだけの投資戦略がありますか 143
【戦略1】買う—買った後の事後調整を大切にせよ 147
【戦略2】売る—売りは自分のタイミングを大切にする 150
【戦略3】待つ—勝ち負けの勝率を高める冷静な駆け引き 153
【戦略4】分割—タイミングを何回かに分けて株を売買すること 156
【戦略5】損切り— 戦略の前提が崩れた際の対処法 168
【戦略6】保有—並列の組み合わせで相場を迎え撃つ 173
【戦略7】つなぎ—リスクを抑えたカラ売りで下げ相場を取る 176
【戦略8】カラ売り—機動戦略の最高峰 195

第6章 神速株投資術では信用取引をこう使う

1 1億円達成した投資家はどのように信用取引を活用したのか 208

2　信用取引に必要なのはストレス耐性……210
3　信用取引は目的に応じて使うもの……213
4　信用取引で破産しかかった私の体験……217
5　私の信用取引のステージ別実践方法……219
6　基本はうねりの分割売買でいい……222
7　セリング・クライマックスの原因も信用取引にあった……224
8　ミドルリスクの信用取引とは……226
9　目標達成後の信用取引とは……227
10　私が信用取引を4つの証券会社に分けておこなう理由……230

第7章
神速株投資術のその先
——自分なりの投資術をマスターしよう

1　相場の動きに対処する方法……234
2　(1)分割売買が投資の基本……236
3　(2)相場がわからないときは、ゆっくりと動く……238

4 (3)大きく下がったときに積極的に動く …… 239
5 (4)感情をコントロールすることを覚える …… 240
6 (5)資金の追加出動は焦らない …… 242
7 (6)株式投資のＰＤＣＡを回す …… 244
8 株式投資のＰＤＣＡの実践方法 …… 245
9 失敗ノートは簡単かつ効果的 …… 246

おわりに …… 248

巻末付録　実践に適したおすすめ8銘柄はこれ！ …… 250

※株価チャートの出所は、すべて「楽天証券　MARKET*SPEED*」より

第1章

株式投資に魔法はない

1

投資家としての成長スピードをあなたは意識していますか？

株式投資に魔法はありません。

パソコンでいうところの、ショートカットのようなテクニックもありません。

ただ、株式投資で成功するために、あなたの成長のスピードを速める具体的な方法ならあります。

プロセスを飛ばすわけではありません。

本当に大切な部分を、すべて効率的に学ぶわけです。

具体的には次の2ステップです。

（1）何を学ぶべきか
（2）どの順番で手に入れるか

わざわざMBAまで取得した株式投資家というのが珍しいのか、本を出すようになって

図表1 株で勝つ人の考え方

（1）何を学ぶべきか

（2）どの順番で手に入れるか

から、私はさまざまな株式投資セミナーに講師として呼ばれるようになりました。

そうしたとき、私は必ずこう質問を受けます。

「効率的に、ラクして勝てる方法を教えてください」と。

しかし、それは言うなれば、

「ラクして大金を稼がせてください」

ということと同じです。

何度も言うようですが、株式投資には魔法はありません。

それでも多くの投資家がこのような質問をしてしまうのは、１つの理由からだと思います。それは、株式投資で成功するためのプロセスが、きちんと理解できていないためです。

しっかりと進むべき道やゴールまでの距離がわかり、どのような坂道や曲がり角が行く手にあるのかがわかれば、ラクな方法があるのかという質問をする必要もなくなります。

小手先のテクニックに目を奪われたり、ネットのお宝銘柄ばかりに心を躍らせることもなくなります。

とくに、**株式投資は最初のスタートダッシュが肝心**です。

このスタート時点で多くの投資家が、もっとも無駄な時間とお金を使ってしまっているからです。

その理由は、次の２つが考えられます。

（1）ゴールがうまく設定できていない

（2）その達成方法がわからない

2

あなたはどの投資家タイプ？

おそらく、ほとんどの投資家が、株式投資の最初の時点でゴールを設定していません。
ただ、漠然とお金を稼ぎたい、では小学生のお小遣い稼ぎと変わりません。
もちろん、投資家によってゴールが違って当然です。
1億稼ぎたい投資家もいれば、1000万まで稼ぎたいと考える投資家もいます。それでも、ゴールをきちんと決めた方がいいのです。

ゴールが決まれば、あとはそこまでの距離とルートを知ることによって、少しずつでも、近づくことができます。

逆に、ゴールが決まらなければ、そもそも何を知ればいいのか、さらには今の自分にが足りないのかも、把握することができません。

ちなみに、株式投資は経験年数で投資家のレベルを把握することが多いと思います。

しかし、それだと投資家の本当のレベルがうまく把握できません。

株式投資を十年やっていても、勝てない人は勝てないのです。

そうしたことから、投資家のレベルを大別する４つのカテゴリーを独自に考えました。

（1）退場する投資家

１つ目が、早々に退場してしまう投資家です。

相場を甘く考えている。ネットなどの推奨銘柄にすぐに飛び乗る。負けた理由がわからない。自分の失敗を、すぐに他人や新聞のせいにする。

このような傾向がある人は、退場する投資家か、その予備軍です。

あるいは、スタートしたばかりの経験の浅い投資家は、すべてこれにあたります。

詳しい理由は次章から説明します。

ここでは、知識がなく経験の浅い投資家は、より高い知識と経験を持ったベテラン投資家より、圧倒的に不利な状況にあると覚えておいてください。

もし、自分がこのステージにいると感じているのであれば、早急に成長のスピードを上げたほうがいいでしょう。

（2） 生き残る投資家

２つ目のタイプが、生き残る投資家です。

良くも悪くも、相場にしがみつき、サバイバルしている状態です。

このサバイバルのプロセスの中で、生き残る投資家は「相場では何を信じて、そして何を信じなければ、生きていけるのか」の分別をつけていきます。食べられる木の実と、毒入りの木の実を、経験によって見分けられるようになるわけです。

一方で、資金の増減はまだ不安定なままです。

小さくコツコツ稼いでは、一度の暴落でドカンと利益を失う傾向が強いはずです。

（3） 勝ち残る投資家

３つ目が勝ち残る投資家です。本書でいうところの「考え方」「見方」「やり方」の３つを、きちんと理解している投資家がこれに当たります。

投資家としての自立心が芽生え、「最後に信じるものは、自分の経験だけだ」ということを、じょじょに理解しはじめています。

ここまでくると、利益も毎年のように伸びていることでしょう。

数年に一度の暴落も、あらかじめ想定内です。むしろ相場の山と谷を味方につけています。また、リスクを抑えた信用取引も有効に活用できています。

(4) 勝ち続ける投資家

最後の4つ目は、勝ち続ける投資家です。

自分なりのトレード手法を確立した、いわば自立した投資家が、これにあたります。

「考え方」「見方」「やり方」の基本を押さえ、さらに自分なりの投資手法で技術を磨いています。その方法に絶大な自信を持ち、他人の批判も気にしません。

また、つなぎ、カラ売りといった高度なテクニックを活用して、相場のプラスとマイナスのエネルギーを利用した売買ができています。

さて、これら4つのタイプを図で表すと、次のようになります。

株式投資で「生き残る投資家」になることは、じつはそんなに難しくはありません。

ただ、「勝ち残る投資家」となると、そんなに数は多くはないでしょう。さらに4番目の「勝ち続ける投資家」までくると、割合はぐんと減ります。

図表 2 投資家の4つのタイプ

1 退場する投資家

相場を甘く考えている。ネットなどの推奨銘柄にすぐに飛び乗る。負けた理由がわからない。自分の失敗を、すぐに他人や新聞のせいにする。このような傾向がある人は、すべて退場する投資家かその予備軍。

2 生き残る投資家

相場にしがみつき、サバイバルしている状態。一方で、資金の増減はまだ不安定なまま。小さくコツコツ稼いでは、一度の暴落でドカンと利益を失う傾向が強い。

3 勝ち残る投資家

「考え方」「見方」「やり方」の3つを、きちんと理解している投資家。自立心が芽生え、「信じるものは自分の経験だけだ」ということを理解しはじめている。利益も毎年のように伸びているはずです。

4 勝ち続ける投資家

自分なりのトレード手法を確立した自立した投資家。「考え方」「見方」「やり方」の基本を押さえ、さらに自分なりの投資手法で技術を磨いている。自分の方法に自信を持ち、他人の批判も気にしない。

3

株式投資は離陸時が一番危険

とくに、読者の方に気づいて欲しいのは、ほとんどの投資家が、最初のスタート時点で多くの資産を失ってしまっているという事実です。

理由は簡単です。失敗のほとんどが、株式投資をはじめた最初の地点に集中するからです。

じっさい、飛行機も離陸時がもっとも危険が多いといいます。

世界の航空機事故の8割が、離陸時に起きているというデータさえあります。

パイロットたちが、魔の三分間と呼んで恐れるのもこのタイミングです。

離陸時はエンジンも機体も、完全には安定していません。

したがって、ちょっとしたトラブルでも、たとえば、それが小さな野鳥のような小動物との衝突でも、大惨事の元になりやすいのです。

そのため、機長や整備士は、離陸前に入念なチェックをします。

皆さんも航空会社を利用した際に、出発前に頻繁にチェックをする整備士の姿を見たことがあると思います。そうしないと、大切な乗客を守れないのです。

同じことが、株式投資でも言えます。

株式投資もスタート時が、もっとも危険です。

飛行機と同じで、ちょっとしたトラブルでもあなたという機体はグラグラと揺れてしまいます。

さらに技術も安定していないので、上手く操縦もできません。

他の方法を探そうにも、経験がないので対応もできません。

このように、株式投資も投資家として離陸するときが、もっとも危険が多いのです。

プロの投資家も最初は失敗ばかりだった

私はもともと、読書が趣味です。

常にカバンには、一冊はビジネス書が入っています。ちょっとした待ち時間などがあれば、たとえ5分でも本を広げて読んでいます。

土日を省いたとしても、1ヶ月でおおよそ20冊。それを経営者になってから15年続けてきました。そのため、少なく見積もっても、3000冊以上の本は読んできたと思います。

もちろん、株式投資の本も数多く読んできました。

そうしてある日、ふと気づいたことがあったのです。

テクニックも内容も全く違う株式投資家の本。しかし、ある共通点が多く存在していると。それは、著者の失敗談です。

そのほとんどが、スタート地点に集中しているのです。

なかには一度ならず二度までも、最初のスタート地点で資金をすべて失った著者もいました。

逆に、スタート地点をうまく離陸できれば、ジェットエンジンが勢いよく回転するように、今度はじょじょに投資がうまく回り始めます。

もちろん、これにはしっかりとした理由もあり、説明できます。

株式市場はプロとアマが混在する世界です。

野球のようにここからが一軍で、こちらからは二軍という境目もありません。

もし野球でイメージがしにくい人は、将棋などに置き換えて考えてください。

そして株式投資とはそうしたプロを相手に、いきなりペナントレースに出て試合をするようなものなのです。

しかも、他のスポーツのように、ハンデを期待することもできません。技術も経験もない、草野球しか知らない素人が、ペナントレースでプロ相手に戦ったらどうなるでしょうか。

アニメやドラマであれば、見事、勝利を収めることもあるかもしれません。ものすごい幸運がおきれば、数試合ぐらい、まぐれで勝つかもしれません。

しかし、たとえ一度の奇跡が起こったとしても、ペナントレースとして長く連戦していけば、必ず実力差が出てきます。

それは、なぜでしょうか。

理由は簡単です。

奇跡や運には、株式投資で成功するために必要な**「再現力」**がないからです。

スタートしたばかりの投資家は、ほとんどがこの再現力を持ちません。

4 勝つ投資家は選択肢が多い

このように株式投資はスタートが99%です。

逆に、最初のスタートダッシュさえ間違えなければ、その後の株式投資は有利に展開できます。

一方スタート地点でつまずくと、そのまま転落していくか、あるいはじょじょに資産形成に実力差がではじめます。

繰り返しますが、このスタート地点をどう上手く乗り切るか。これが、とても大切です。そのために株式投資であっても、ある一定期間、集中して学ばなければなりません。

株も成功しようと思ったら、学ばなくてはならないのです。

ただし、ここで言う「学び」とは、日経新聞の読み方とか四季報の見方といった、情報の収集方法とは違います。

株で成功者になるための学びとは、あなたの戦略の選択肢を広げるものでなくてはならないからです。

株の勝ち方を学ぶ意味

ちょっと話が逸れますが、大切な話なので、もう少しおつきあいください。

みなさんは、なぜ中学や高校で数学や英語を学ぶのか、考えたことがありますか。

それは偏差値を競うためでも、テストで良い点数を取って先生に褒められるためでもありません。あなたの人生の選択肢を増やすためです。

将来、国語の教師になりたい。

英語を武器にして商社でばりばり働きたい。

人に貢献する看護師として働くことを選びたい。

政治家として、人々の役に立ちたい。

このように、誰にでも人生の夢があります。そうした自由な選択をするために、私たちはずっと学んできたのです。

同じように、株の勝ち方を学ぶからには、あなたの決断や行動の拡張につながらなければ意味がありません。

5 あなたが学んだことは、行動の拡張にどれだけつながっているか？

日経新聞も四季報も、もちろん株式投資をするうえでは大切なツールです。しかし、そればかりに目を奪われては、あなたの行動の拡張にはつながりません。むしろ、勝てない投資家になってしまう恐れすらあります。

たとえば、私はブログを運営しています。そうしたなかで、

「日経新聞や四季報ばかり読んでも、正確には株で勝てるようにならない」

と書いたことがありましたが、その反響のすごいこと。

「あなたの言っていることは、セオリーに反する」

「独断的で、通用しない」

などのコメントが多数寄せられました。

しかし、私はなにも日経新聞や四季報が、まったく意味がないと言っているわけではないのです。どれだけあなたの行動、つまり株式投資において選択肢の広がりが生まれたかが大事だ、と言っているのです。

予想外の展開になったとき、どう対応するかが大事

じっさい、そのあと株式市場に暴落が到来しました。

このとき、日経新聞の読み方といった知識が、投資家にどれだけの選択肢を与えたでしょうか。四季報を読めば株で勝てると教わってきた投資家が、急激な暴落でどのような手が打てたでしょうか。

予想外の展開が訪れたとき、どう対応するのか。

株で勝ち残るためには、それが一番大切です。判断の基準を複数用意したうえで、もっともベストだと思えるものを選択して、決断していかなければなりません。

当然、選ぶべきものが1つしかない投資家と、複数の選択肢を比較しながら、組み合わせで対応できる投資家では、後者のほうが有利です。投資家のバイブルとして、一般的に知られている四季報も大切です。

しかし、それだけに決断を頼った投資法では、「勝ち残る投資家」になるのは難しいでしょう。毎日、ただ同じように繰り返しているだけでは、だめなのです。

あなたの行動を拡張していかないと、投資家としての本当の成功には結びつきません。

6

株式投資で成果を出すための公式とは

「はじめに」で紹介した、日経ヴェリタスに掲載された1億円を稼いだサラリーマン投資家とあなたとの差も、おそらくここにあります。

日々、ただ投資をしているといった感覚だけでは二流です。

投資をしながら、同時に学んでいる。

そういう感覚でいるから、少しずつ成長していけるのです。

これが積み上がれば、あなたとの差が大きくなるのも当然でしょう。

結果、1億円という目に見える成果としてあらわれているに過ぎないのです。

質×量×成長速度

また、こうした株式投資の学びでは、量だけでなく、質も大切です。

ライバルに勝たないと勝ち残っていけないわけですから、成長のスピードも重要となります。

これらを私なりに公式に当てはめると、次のようになります。

株式投資の成果＝学びの質（内容）×学びの量（時間）×成長速度

いかがでしょうか？

学びにかける時間が多くても、内容が伴わなければ成果は増えません。

とくに、株式投資では最初のスタート時に、どれだけこの公式に当てはめることができるかが大切となります。

ここで言う学びの質と量とは何かについては、このあと具体的に説明していきます。

7

90日間で勝ち残る投資家になる

すでに、あなたには株式投資はスタートが肝心だということを伝えました。
そして、そのためには「学ぶ」ことが必要だということも話してきました。
ただ、読者の皆さんはこうも思うかもしれません。
「いまさら、受験を控えた学生でもないのに、なにを学べというんだ」
学ぶことが大好きな人ならいいですが、たいていの人はそうではありません。
もちろん、私も同じです。
そこで、26ページで紹介した2つのステップです。

（1）何を学ぶべきか
（2）どの順番で手に入れるか

本書では、まず学ぶことを厳選しました。そのあと、優先順位を決めました。

これで、最速で勝ち残る投資家になることを目指します。

たくさんのことを学ぼうとすると、どうしても時間がかかってしまうものです。

とくに最初のうちは、なにを学べばいいのかわからない人が大半です。

しかし、それでは、学んでいるうちに株式投資で負けて資産を失ってしまうかもしれません。そこで、本書ではまず90日以内に、投資家として自立した、勝ち残る投資家になることを目指してもらいたいと思います。なぜ90日かというと、行動心理学では、90日は人の行動習慣を変えるもっとも最適な期間であると言われているからです。

そのために大切な**「考え方」**と、勝つための**「戦略と戦術」**を伝えていきます。

だからといって、一部分だけにフォーカスしたり、どこかを大きく削ったりしたわけではありません。それでは、意味がありません。

本当に必要な内容をすべて網羅したうえで、最大限の効果が得られるように考えました。もちろん、90日で億万長者になれるという意味ではありません。

ただ、本書によって**「考え方」「見方」「やり方」の3つを手に入れることで、あなたの武器と行動の選択肢は、今より格段に増える**はずです。

優れた武器とは、相手を攻めるだけではありません。

あなたの大切な資産を守るためにも役立ちます。

そのために、まずは期限を決めて、しっかりと株の上級者になるための基礎を固めることに集中するのです。

失敗の8割がスタート時に集中している

なお、私が短期集中にこだわる理由は他にも以下が挙げられます。

最大の理由は、36ページでお話ししたとおりです。

投資家の大半が、スタート時に資金の多くを失っています。

投資家としての最初のステージに失敗の8割が集中しているためです。

そのステージをスタートダッシュで一気に抜け出す必要があるのです。

また、脳はある程度のプレッシャーを与えた方が、よく働くということがわかっています。そのためにも、時間制限を設けた方がいいでしょう。

以上から、勝つ方法を学ぶことに集中することのメリットとしては、次の4つが考えられます。

(1) 緊張感を維持しやすい

（2）成果を実感しやすい

（3）成長することが楽しくなり好循環が生まれる

（4）ライバルと差をつけることができる

とくに、「ライバルと差をつけることができる」はとても大切です。

株式投資は、語学学習などとは違います。

常にライバルとの実力差が、資産の増減などの成果となってあらわれることを忘れてはいけません。

この世界は成長の遅い投資家で溢れています。あなたの急激な変化や成長は、何万という他の投資家と差をつけるには十分でしょう。

小さなリターンにつながれば、手応えが感じられて、さらに成長が楽しくなるといった株式投資の好循環へとつながっていくはずです。

なお、本書で取り上げる「考え方」「見方」「やり方」は、学ぶ順番も決まっています。

いきなり「カラ売り」などの技術的なノウハウや、信用取引などの心理的負担の掛かるテクニックを覚えても、正直、成果にはつながりにくいでしょう。

まずは積木を積み上げるように、１つずつ学んでいくようにしてください。

8

なんのために株式投資をするのか?

会社の経営者をしていると、よく耳にする言葉があります。


失敗は成功するまでおこなう努力を、途中で放棄するからだ。

成功するまで続ければ、誰でも必ず成功する。


思わずなるほど、と頷きたくなる言葉です。

ただ、株式投資においては、この言葉は100%正しいとは言えません。

資金が底をつけば、誰もがゲームオーバーだからです。

裏を返せば、どんなに素晴らしい素質を持った才能溢れる投資家でも、才能をみずから開花させる前に資金が底をつけば、もはやプレイヤーですらいられないのです。

そうならないためにも目先のテクニックや分析手法だといったことだけにとらわれない、大きく見る視点を持つことです。

これが、株式投資の大切な、あなたの**「型（カタ）」**になります。

とくに「考え方」「見方」「やり方」を手に入れることは、いわば、株式投資においての神の視点を持つ、ということです。

といっても、天空にいる神さまになるということではありません。

小説などでは、一人称で書かれたものを自分視点。それ以外のものを、神の視点と表現します。

つまり、俯瞰してすべてを上からのぞけている状態です。

自分がいまどこにいて、どこに向かっているのか。

そのために何が必要で、何が足りていないのか。

次にどんなことが起こりそうで、そのためにどんな選択肢が必要となるのか。

これらを俯瞰して全体を見ながら、正しい投資法をおこなうのです。

本書で最後にお伝えする技術が、この場合の「やり方」となります。

ただし、技術を学ぶ前に、まず「考え方」を知ってください。

そして、戦略の「見方」をマスターしていってください。

神の視点を持ち、それらを正しい順序で動かすことによって、高速で勝つ投資家に成長していける。私はこれを神速株投資術と名付けました。

その内容は、プロの相場師なら誰もが知っていて、武器として実践していることです。

知らないのは、出遅れている投資家と、スタートしたばかりの投資家だけです。

株式投資において、こうした無知は、そのまま損失につながります。

株式投資では**「相手が知っていて、あなたが知らないこと=損失」**なのです。


たとえば詐欺師は、なにも知らない無知な人に寄ってきます。

知っている人は、自信があるので騙せません。顔を見て、自信がみなぎっていれば、近寄りもしないのです。

同じように競争が支配する株式市場で資産を築きたいのなら、ぜひこれだけは覚えておいてください。


「無知であることは、圧倒的に不利である」と。


何のために株式投資をするのか。それは、あなた自身の人生を豊かにするためです。

他人の人生でも、私の人生でもありません。

すべて、あなた自身のためなのです。

そのためにも、これからお話しする3つの武器を、ぜひ手に入れて欲しいと思います。

第2章

スタートダッシュがその後の運命を変える

1

勝つ投資家になりたければ、まずはスタートダッシュを決めなさい

これは、私の15年の株式投資の経験から、自信をもって言えることです。多くのプロと呼ばれる相場師や、株の上級者の体験談などを見聞きしても、スタートには多くの落とし穴があることがわかります。

株式投資もビジネスである以上、経験の浅い投資家であるスタート地点が、一番つまずきやすいのです。

ビジネスでも株式投資でも、スタートが一番肝心です。

逆にスタートダッシュさえ間違えなければ、その後は大きな成長カーブに入ります。

じっさい、人の成長のスピードは、あなたが思うほど一定ではありません。

人が新しい能力を獲得して、どう成長していくのかという過程を研究したデータがあります。

それを見ると、左のグラフのように、最初は一歩進んで後退するような小さな変化しかありません。

図表３ 投資家の成長カーブ

量
時間
ある段階で急カーブを
描くように上達する

最初は自分でも自覚できないほどの、小さな成長しかないのです。

スポーツや語学学習なら、このときが一番挫折しやすく、失敗しやすい時期でもあります。

ビジネスであれば、来る日も来る日も同じ失敗をして、上司からガミガミと叱られてしまう時期でしょう。

しかし、ある一定量の努力を続けると、今度は急カーブを描くように加速しはじめます。

まるでスペースシャトルのロケットに火がついて、一気に大気圏を抜けるようなイメージです。

ここまでくると、あなたの視点も変わっているはずです。

それまで、失敗の理由がわからなかったことが、なぜだかわかる。

以前読んだ本に書かれていた内容が、このことだとわかる。

ビジネスであれば、上司のアドバイスが「ああ、こういう時のためにしてくれたんだ」とわかる。

このように、より一段高いところから、考え方の幅を広げることができるようになります。

それまでそれぞれがばらばらだった技術が、1つにつながっていきます。

さらに、経験から得られる学びが格段に増えるのもこの時期です。

経験でさらに磨きをかけて、より成果を追求する好循環に入ります。

まるで急に視界が開けて、石ばかりで座礁しやすかった川の先に、信じられないような大海原が広がっているようなイメージです。

2

勝つ投資家は口ぐせが違う

このように、より成果を追求する好循環に入ったならば、このあたりが儲かる投資家のステージです。

つまりは「勝ち残る投資家」です。そして、このステージにいる投資家には、１つの特徴があります。

言葉の変化です。

成長の急カーブにさしかかった投資家は、**「ああ、今だから、あのときの失敗が必要だったとわかる」**とよく口にします。

この時点で、投資家にはそれまでの過去の失敗や経験といった点が、すべてつながって線のように見えていることでしょう。

先程の成長カーブと同じです。振り返ると、なかなか成長できずに苦しんでいたすべての点がつながって、１つの軌跡に見えるわけです。

以上のことから、投資家が最初に知るべきことがあります。

それは、投資家のほとんどが、まだ成長カーブにも入っていない二流の投資家だということです。

ちなみに、ここでは資金力や経験年数は一切関係ありません。

むしろ投資歴ばかり長くて、いまだ成長カーブに辿り着けていないのであれば、かなりの危機感を抱いたほうがいいでしょう。

そうでなければ、相場に対する姿勢が甘いか、かなりの不勉強ということをもっと自覚すべきです。

あえて、どこからが一流で、どこからが二流という明確な線引きはしません。

それは、今のあなたが一番よく知っているはずです。

いつの時代も、**お金というのは、弱い人間から強い人間へと流れます。**

そこには性別も、経験年数も、関係ないのです。

そして、二流の投資家が一流に勝つ投資家になる方法は、たった1つしかありません。

今日この瞬間から、スタートダッシュを決意することです。

3 株も立派なビジネス

株もビジネスである以上、儲けるためにはスタートダッシュを決められるかどうかが重要です。

スタートダッシュを決められれば、その後も楽になります。

「株もビジネスである」

この言葉を、どうか忘れないでください。

競馬のようなギャンブルでも、株式優待をもらうための娯楽でもありません。

その企業の株主（ステークホルダー）になるということは、まぎれもないビジネスなのです。

あなたが周囲と同じスローペースでは、このサバイバルレースで、儲かっていけるはずはありません。

ちょっと日経新聞や四季報をかじったぐらいで、株で勝ち残れると思うのは、少し簿記を学んで役員に昇格できると思うのと同じぐらい甘い考えです。

もし、本気でそう信じている後輩がいたら、あなたはどうアドバイスしますか。

「そんなペースでなれたら、私がとっくになってるよ」

こんな言葉が、思わず口をついて出てしまうのではありませんか。

それでも株式投資になると、なぜか気づけないのです。

これは、ある意味、株式投資をとりまく特殊な環境のせいでもあります。

株のネット情報や雑誌は、どれを読んでも、似たり寄ったりです。

「お宝銘柄20でガツンと稼ぐ」

「主婦でも片手間ではじめられる」

「株をやれば経済もわかる」

そうしたなかで、あなただけに真実に向き合えというのは、むしろ酷なことかもしれません。

一方で、未来の成功者は、あなたのペースなど待っていてはくれません。1歩も2歩も、あなたの先を走っています。

4 株の動きを予測するコツ

一方で株式投資ではどんなに優れた投資家でも、最初の1手目では結果を出せないことがあります。

正しいことをしているのに成果が出ない。そうしたことが、現実の株の世界では起こりえるのです。

それでも、最終的に勝ちに持っていけるのは、そのあとのチャートの動きに合わせる技術が上手だからです。

負けから入っても勝てる戦略のシナリオを、複数用意しているのです。

そうは言っても、難解な公式などというものはなにもなく、いくつかの戦略のパターンの組み合わせでしかありません。

そのパターンを、頭の中にインプットして、状況に合わせて組み合わせているわけです。

そもそも、明日の株価の動きなども、無限にあるわけではありません。

大きくは、次の３パターンしかないのです。

図表4 株価の動きはこの3つしかない

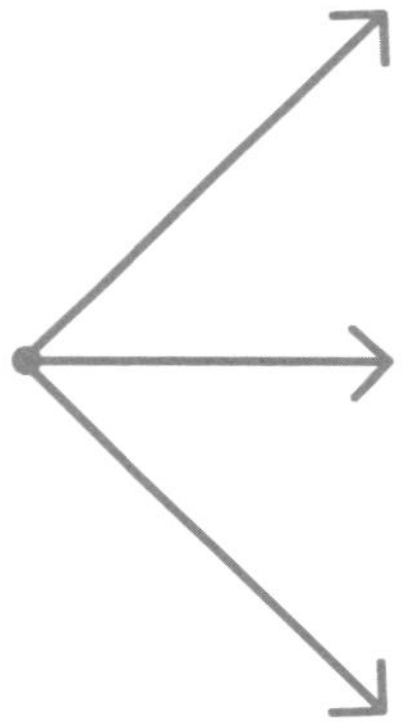

上がる、下がる、そのまま、の3つです。

そして、上がったら上がったで、買いを乗せるか、利益確定するか、つなぎやカラ売りなどの機動的な戦略を仕掛けるか（これらについては第5章で詳しく解説します）の、3つぐらいしかありません。

下がっても、やはり同じです。保有、損切り（ロスカット）、追撃買いの3つしかないのです。

つまり、株のプロでもアマチュアでも、選択肢の数は同じなわけです。

上がるか、下がるか、そのままか。

ここから予測できる未来のシナリオの合計など、多めに見積もっても10個ほどしかありません。その中から、いかに適切な選択肢を選ぶことができるか。これに優れているから、プロはアマチュアより勝つわけです。

いくつかのシナリオの予測をする

株式相場の将来のことは、株の上級者でもわかりません。

そのため、シナリオの分岐ごとに、

「下がったらこうする」

「上がったらこう売る」

「動かなければこう出る」

と、いくつかのシナリオの予測をつけます。

かといって、何千通りも予測するわけではありません。

そんなことは不可能ですし、意味もありません。

だいたい、数手ほど先、年数にして1年ぐらい先までの予測を立てるのです。

上級者でも、せいぜい先ほど紹介したくらいのシナリオしかないのです。

すると、次の図のような分岐の広がりが予想されます。

図表 5 株価の今後のシナリオを予測する

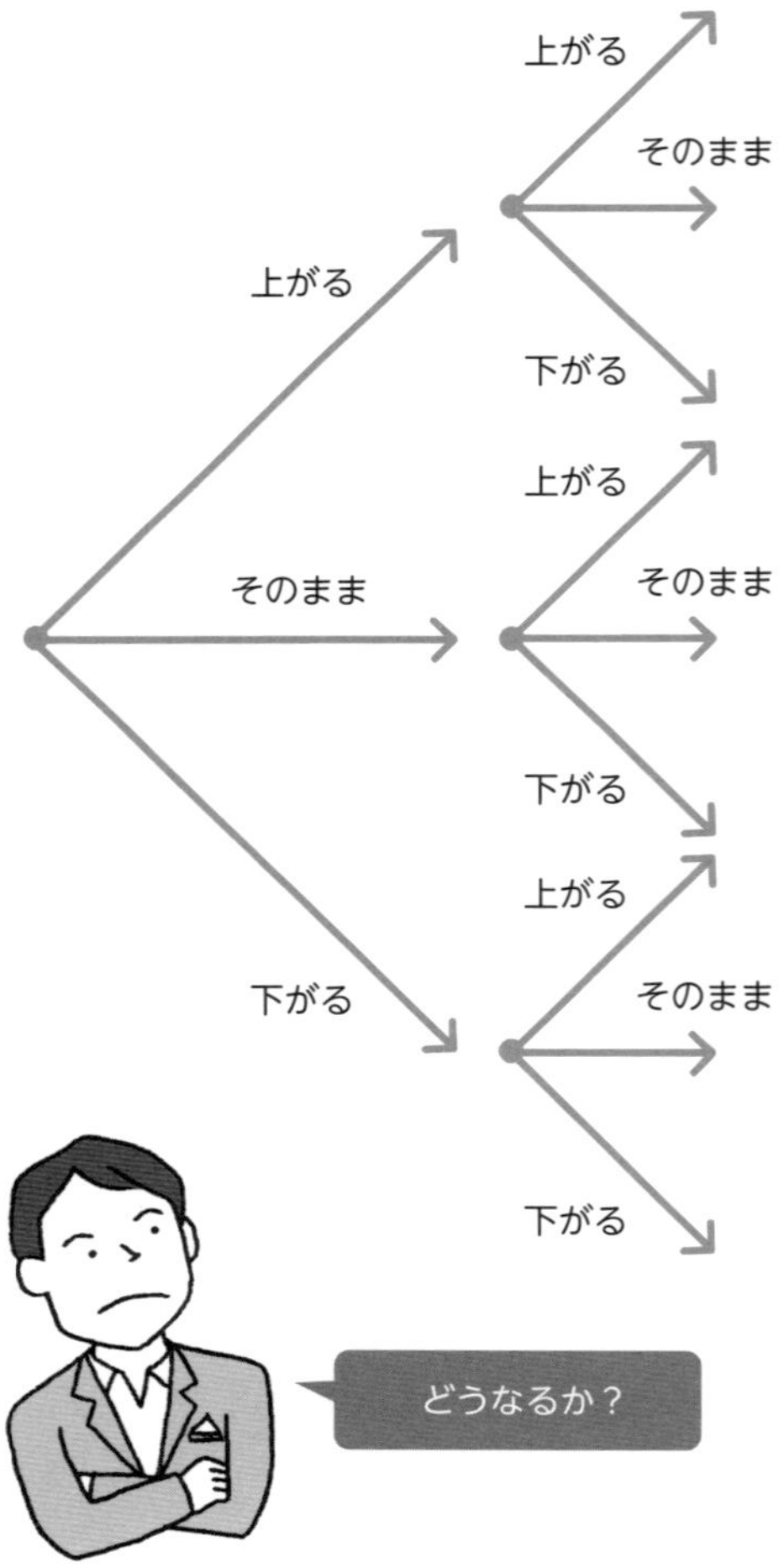

5 将来の動きばかり予測しても限界がある

もちろん、すべてを正確に予測することはできません。

だいたい、この程度の範囲のシナリオまで、頭の中に入れておくようなイメージで大丈夫です。

史上初の七冠を達成して、将棋界初の国民栄誉賞を受賞した羽生善治名人は、スーパーコンピューターのような頭脳の持ち主のようにも思えます。

しかし、ある日テレビでコメンテーターに本人が答えていたのですが、実際には３手先ほどしか予測していないそうです。

３手先といっても、将棋は駒数が多いゲームです。広がりは、だいたい数百通りになります。

それでも、人知を超えるような先まで見通して、勝負しているわけではないのです。

また、ＮＨＫで特集された「プロフェッショナル～仕事の流儀～」では、このようなことも話していました。

「今は、先々よりも、勝負全体の流れを大局的に見ることを、とても大切にしています」

このとき、羽生名人はあえて「大局的」という言葉を使っていました。

株もこの考え方に通じるところがあると思います。

いくら目の前の動きばかりを予測しても、限界があります。

それよりも、もっと全体の流れ、株式相場全体の「大局的」な流れに、みずからを合わせるようにするべきです。

そのうえで、将棋に比べれば圧倒的に数の少ないシナリオを、冷静に把握して、打ち手を考えればよいのです。

もちろん、大きく予測が外れれば、損切りもします。

しかし、損切りにいたるまでに、それを回避するシナリオを複数持っている投資家と、下がれば損切りばかりして資金を溶かすだけの投資家とでは、あきらかに前者が有利です。

その戦略を、私は8つの戦略に分類して本書で紹介していきます。

それが、本書でいう**「見方」**になります。

さらに、勝てる投資家、勝ち続ける投資家になるための正しい**「考え方」**もお伝えします。

その考え方と戦略をどう展開して、実際にどう売買をおこなうかを、私の実践方法をまじえて**「やり方」**として紹介します。

覚える順番としては、

(1) 考え方
(2) 見方
(3) やり方

です。

6

相手を上回る速度で成長すれば必ず勝てる

ビジネスでも株式投資でも、勝者と敗者の実力差が拮抗するゲームで、あなたが対戦相手に勝つ方法は４つあります。

それは、次の４つです。

（1）競争相手にはない強みを発揮する
（2）相手より見渡せる大局的な視野を持つ
（3）多くの人とはまったく別のゲームをする
（4）競争相手を上回る速度で成長する

どうでしょうか。

これだけ見ると、正直、（1）と（2）を達成するには、人より優れた才能が求められそうです。（3）にいたっては、発想力や独自の着眼点が必要となります。

しかし、この中で唯一、生まれ持った能力に関係なく、誰でも努力すればできることがあります。

そう、それこそが（4）の**競争相手を上回る速度で成長する**です。

株をはじめたら、できるだけ速く、最初のステージをスタートダッシュで抜け出すことです。この意識の違いを持つことが大切です。

「株で勝つ投資家になる」

そう覚悟を決めたなら、ほんの少しのスキルアップではいけません。

ドラスティックな意識改革をしてください。

ホップ、ステップ、ジャンプでは遅すぎます。

ホップ、ジャンプの2ステップで、一気にその他大勢から抜け出すのです。

株式投資はスタートが命です。

ホップ、ジャンプの2ステップで、今日から株式投資に革命を起こしてください。

Column1

ビジネスと株式投資に共通するポイント

私は、まわりの人から経営者の視点で株式投資を見ているとよく言われます。たしかに株式投資家も、経営者としてのキャリアも、どちらもちょうど15年です。そこで、以下にビジネスと株式投資のどちらにも共通するポイントをまとめてみました。

①順境よし、逆境またよし

これは、現パナソニックを築いた松下幸之助氏の言葉です。順境とはつまり好景気です。こうしたときは、利益は伸びて当たり前ですが、長くは続きません。いずれ訪れる不景気をも味方につけてこそ、安定して長く成長できます。

株も好景気だと浮かれると、足をすくわれます。誰もが勝って当たり前のときに、しっかりと経験値と資金を貯めて、不況の時に反攻に出る。こうした循環の波を日頃から意識して味方にすることができる投資家こそが、将来大きな資産を築くことができます。

②ビジネスで利益を出すには、一定の経費が必要

会社の売上は、すべて利益というわけにはいきません。

営業マンの人件費やオフィス維持費、接待費、コピー機や固定電話などの必要経費がかかります。つまり、一定の出費や損失は当たり前。そのうえで、どうトータルで利益を積み上げるかが大切なのです。株もこれと同じで、ある程度の損失は、むしろ利益を残すための必要経費です。トータルで利益をどう残すかを考えましょう。

③事業や人のロスカットは、簡単にはできない

事業をスタートすると、完全撤退の判断はなかなかできません。

どんな優秀な経営者でも、そのタイミングと決断は遅れてしまいがちです。

むしろ大切なのは、ロスカットを少なくする経営であり、そのために最初はスモールスタートやテストマーケティングを繰り返すべきです。株であれば、分割買いや試し買いが、これに当たります。

④おごり高ぶる経営者は、必ず会社をつぶす

景気が良いときに、自分の実力を過信して、毎晩遊び回る。あるいは、取引先に横柄な態度を取るなどおごり高ぶる経営者がいます。

しかし、こうした経営者の会社は、長く続くことはありません。いずれ、会社をつぶし

てしまいます。多少、成功して羽目を外すぐらいならいいでしょう。お金も「使ってほしい」と考えているものです。ただ、どんなときでも、一定の努力は続けることです。おごらず、自分の力を過信せず、常に自分を成長させることが大切です。

⑤素直な人ほどよく伸びる

どんな業種でも、素直な社員ほどよく伸びます。

逆に、プライドばかり高かったり、間違いを指摘しても責任逃れをするような返答しかできない人は、なかなか成長しないものです。

素直さがあると、成長の質と速度を上げてくれます。

⑥ほとんどの新入社員は最初の1年は赤字

スタートしたばかりの新入社員は、将来どんなに優秀な営業マンになるとしても、最初は赤字から始まります。そのなかで、成長のスピードの速い社員が、上司から大きな仕事を任されていきます。そうして、仕事を高速で回すことで、さらに責任ある仕事で経験を積み、というようにどんどん実力をつけていきます。株も、最初が特に肝心です。正しい方法でしっかりと経験を積んでいくから、他の投資家より速く一人前になれるのです。

第3章

株のアマチュアから90日で勝てる投資家になる

1

技術だけでは勝てるようにならない

株式投資は、オーナーとなって一人でビジネスをするのと同じです。

そのため、会社経営と投資とは、意外と似ているところが多くあります。

さらに最近、わかったことがもう1つあります。

株式投資は「技術」だけでは勝てるようにならない、ということです。

この本の読者には、さまざまな年代の方がいると思います。

とくに、最近は老後の蓄えを増やすために、リタイア後に株式投資をはじめるシニアの方もだいぶ増えてきました。

もちろん、それはとても大切なことです。

この本にはそのための「考え方」「見方」「やり方」を載せていますので、ぜひ参考にしていただきたいと思います。

少額からはじめて相場の感覚を養う

私の会社でも、株式投資をしたいと望む社員には、年齢に関係なく、私みずからが責任をもって株式投資を教えています。

特に若い社員の場合は、最初は少額からでもかまわないと伝えています。

株式投資には、ある程度の慣れも必要になります。

そのため、**若い場合は少額からはじめて、相場の感覚を養うことを優先**します。

車の運転でも、長く続けていれば、最初はぎこちなくても、いずれバックや車庫入れもスムーズにできるようになります。

そうして慣れておけば、いざ絶好のタイミングが来たときに、そのスタートから、いきなり勝ち残る投資家としてはじめることができます。

正しいやり方で続けた努力は、自分を裏切りません。

もちろん、それには本人の努力も必要になります。

ただ大切なのは成長が速いと、早々に退場させられたり、資産を失うリスクも少ないということです。

ちなみに、私が教えている社員たちは、全員がビギナーからはじめてほぼ90日で「勝ち残る投資家」に成長しました。

そうしたなかで、私は大きな過ちを犯していたことに気づきました。

先ほども述べたように、**株式投資は「技術」だけでは勝てるようにならない**ということです。

それが、ようやくわかってきたのです。

どういうことか説明いたしましょう。

2 「考え方」×「見方」×「やり方」の3つが大切

株の成功者は、正しい「考え方」「見方」「やり方」を持っています。

技術とは、「やり方」に当たります。けれど、その前に正しい「考え方」が必要です。

さらには、戦略をどう組み合わせるかといった「見方」を知らなければなりません。

図にすると、次の図表6のような形です。

もちろん、技術は大事です。ピラミッドでいうと頂点ですからね。

しかし、その前に土台となる「考え方」と、それらを支える柱となる「見方」が備わっていないと、グラグラとした不安定なピラミッドになってしまいます。

「やり方」だけをマスターしようとするのは、その不安定な土台の上に大きな家を建てるようなものなのです。

たとえば意識している、していないにかかわらず、株式投資で億超えした人は誰でも知っていることに、資産２倍の法則があります。

私はこれを、**「資産2倍のゲーム理論」**と呼んでいます。

図表 6 神速株投資術の3つの武器

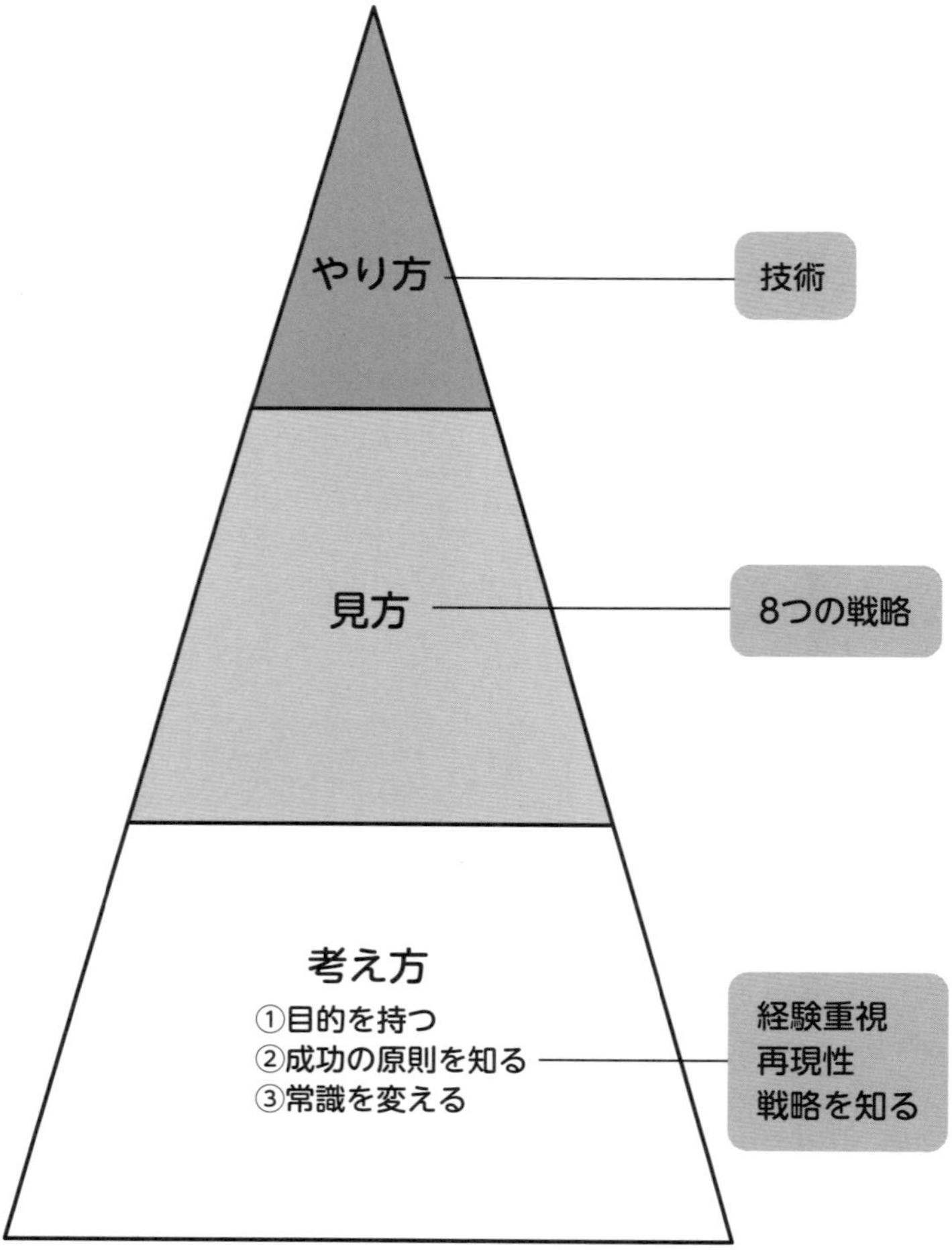

図表 7 株は資産2倍のゲーム理論

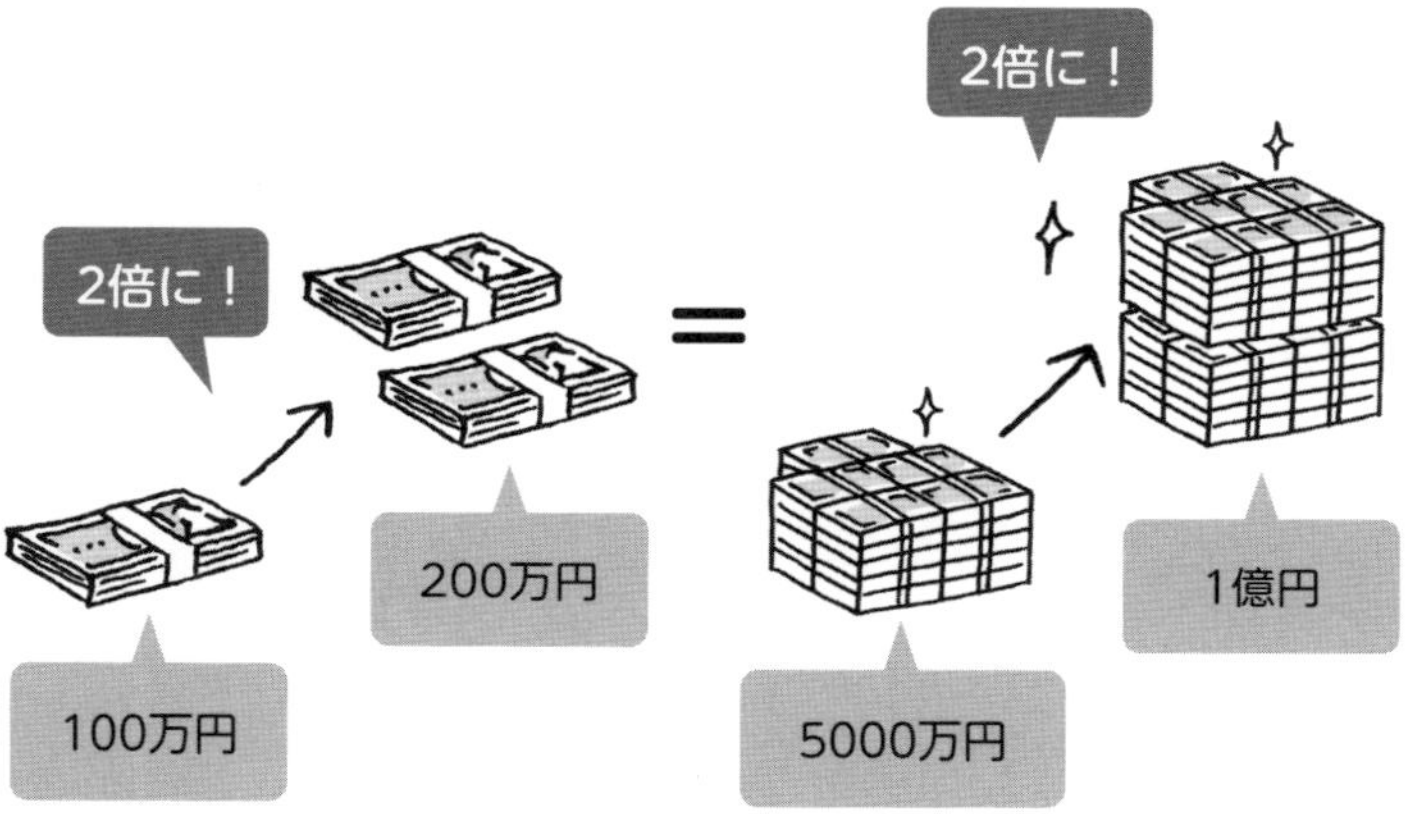

たとえば、あなたが仮に100万の軍資金しか持っていなかったとします。

そして、この100万を200万の2倍にできたとします。つぎに、200万を400万にしたとします。

このとき、100万を200万にするのと、200万を400万にするのとでは、単純に考えると2倍にするための手間や技術は変わりません。であれば、5000万を1億に2倍にするエネルギーと技術も、イコールになるはずです。

つまり、**株で5000万円まで達成した場合、技術と時間さえ味方につければ、基本的には誰でも1億円を達成することが可能**なはずなのです。

3

1億円の達成は、同じことを6回繰り返すだけ

もちろん、動かす資金量が増えれば、扱う銘柄なども増えます。

また、市場に与える影響力が高まるため、出来高の少ない銘柄に手を出しにくいなどという問題も発生するかもしれません。

実際、そうした細かなことが気になり、前に進めなくなる投資家もいます。

ただし、ここではそうしたことをあえて考えず、どうすればそれが実現できるかに絞って目を向けます。

シンプルに2倍にするエネルギーと技術だけにフォーカスしてください。

事実、このレベルまで達すると、駆け引きのスキルや経験など、他の要素も同時に上がっていて当然なのです。

もう少し具体的に述べましょう。

たとえば、株式投資の1つのゴールが1億円だとして、その半分は5000万円。

５０００万円の半分は、２５００万円です。

同じく、２５００万円の半分は１２５０万円。１２５０万円の半分は６２５万円。６２５万円の半分は３１２万５０００円。その半分は１５６万２５００円です。

すると1億円を目指すならば、まずは元手１５６万２５００円からはじめて、それを倍にすることを6回繰り返せばいいことがわかります。


つまり、そこまでの技術水準に到達できれば、十分、1億円の達成を狙える可能性があることが、この理論からわかるわけです。

あとはそれを、たった6回繰り返すだけ。


このとき、大切になることが**「再現力」**です。

同じ技術を、少なくとも同じように再現できなければ、1億円に到達できません。

逆を言えば、ある程度の資金力と技術まで到達すれば、あとはこの再現力だけの問題となるわけです。

4

成功している投資家と失敗している投資家の違い

このように、株式投資の成功とは、ある一定の実力さえ身につけてしまえば、「再現力」をどう高めていくかのゲームだということがわかります。

元手資金が多ければ、その距離を縮めるスピードは、さらに速まります。

そして、これらを知ることとは、すべて技術ではなく「考え方」になります。

株の成功者になる「考え方」の黄金律は、とてもシンプルです。

それは、以下の２つの言葉に集約されます。

【成功している投資家】は、なぜ成功しているのか？

それは、成功するようにやっているからだ。

【失敗している投資家】は、なぜ失敗しているのか？

それは、失敗するようにやっているからだ。

ほとんどの投資家が、2～3年で資産の大半を失う理由はなぜなのか。

それは、失敗するようにやっているからに他なりません。

技術やテクニック的な「やり方」ばかりに目がいき、「考え方」や「見方」が常に不安定な状態だからです。

とくに、スタートにこそ魔物が潜んでいます。

土台が不安定なうちが、一番危ないのです。


そのために、最短で株の成功方法をマスターする神速株投資術では、スタートから学ぶ優先順位を意識します。

学ぶ順番は、
①考え方（成功の原則）→②見方（8つの戦略）→③やり方（戦術）です。

一昨年、私は15年間の株式投資家としての技術を一冊にまとめた『うねりチャート底値買い投資術』（ダイヤモンド社）を上梓しました。

おかげさまで順調に版を重ねて、今でも売れ筋ランキングの上位に入るなど、一定の評価を受けています。

それでも、多くの投資家がいまだに勝てないと相談を寄せてきます。

つまり、**技術的なことだけ伝えても、勝てないことがわかった**のです。

土台となる考え方の部分をしっかり身につける

そこで、私は株式投資のほかの書籍を、かたっぱしから読んでみることにしました。

すると、どの本もそれぞれ素晴らしいのですが、売買テクニックの技術一点張りで、投資の土台となる考え方や、全体を俯瞰するような投資戦略の見方について書かれたものはありませんでした。

これでは、レストランであれば小手先のＳＥＯ対策や集客ばかりに目が行き、肝心の料理や顧客サービスがすっぽり抜けているような状態です。

つまり、一番うまくいかないパターンです。

何より、大切にしてほしいのが学ぶ順番です。

「①考え方」で土台を固めて、「②見方（戦略）」で支柱を作り、「③やり方（戦術）」で家を建てるイメージです。

どんなに立派に見える建物でも、基礎からしっかり造られていなければ、ちょっとしたことで崩れてしまうのと同じです。

とくに、最初の土台となる部分の堅牢さを、十分確保しておく必要があります。

遠回りのように見えて、それが一番の近道なのです。

逆に、その土台さえしっかりしていれば、多少無茶な積み上げ方をしても、失敗してすべてを失うようなことはありません。

「考え方」が決まれば、おのずと戦略の組み立てや戦いのやり方を、どう選ぶかも決まってきます。

この話は大切なので、次からさらに詳しくお伝えしていきます。

5

これが、あなたが株で勝つための神速株投資術だ

最速で株で成功するためには順序があります。

（1）株で成功するための「考え方」を手に入れる

←

（2）正しい「見方（8つの戦略）」を知る

←

（3）有利な戦い方、「やり方」を実践する

ハイハイしかできない赤ちゃんが、自転車には乗れません。
まず、つかまり立ちができるようになる。次に、二足歩行ができるようになる。
やがて、補助輪付きの自転車に乗れるようになり、はじめて自転車に乗れるわけです。

このように、まず基礎を固めてから、技術の難易度をじょじょに上げていき、自立するように習得することが重要です。

これが、結局は一番の早道なのです。

一度、立ち上がってしまえば、歩くまではそんなに難しくありません。

一度補助輪を外してしまえば、自転車を走らせることもそんなに大変ではありません。

これと同じように、技術的なことは、階段を一段ずつ上がるように上達するという考え方は正しくありません。

正しい順序で学んでいけば、一定の質と量を超えたところで一気に上達します。

投資家が失敗するのは、この一気に上達する前に、成果が出ないとあきらめてしまうからです。

あるいは、学ぶ順序があべこべのため、スタート時点で資産を失ってしまうのです。

正しい順序で、一気に集中する。

そうすることで、目の前に大海が広がるように視界が開けてきます。

6

株式投資の戦略や戦術に必要なものとは

なかでも「考え方」はとても大事です。

しっかりと利益を生み出す株の上級者というのは、勝つ投資家としての基本的な考え方を、しっかりと手に入れているものです。

そのなかでも、とくに重要なのが「目的」となります。

ちなみに、私が本書で最初に決めたのも「目的」です。それは、次の３つです。

(1) この本の読者を90日以内に勝てる投資家にして
(2) 低コストかつ独学で
(3) 利益を出せるようにする

このように、本書を書く「目的」を最初に決めるから、そのために何を伝え、なにを削るのかが見えてきます。

つまり、株式投資であれば、あなたの目的に最適な戦略や戦術がおのずと決まってくるわけです。

たとえば、このあとの第5章では、プロの相場師も使う「つなぎ」「カラ売り」を、さらに第6章では「信用取引」をどう使うかなどについても本書では述べています。

一方で、「目的」が定まらないのに、ただ儲かりそうだからと高度なテクニックを使っても失敗します。

信用取引はレバレッジで利益を増やします。

ただリスクも倍増します。あなたの目的が1億を超える資産を築くことで、軍資金も少ないのであれば、信用取引は大いに活用すべきでしょう。

しかし、リスクを抑えて安全に資産を増やしていきたいのであれば、信用取引はおこなうべきではありません。

この時、欲望に支配されずにどちらにするかを決めるには、あなたの株式投資の「目的」が必要になるのです。

目的が決まれば、おのずと距離が縮まる

ただ、一般的に投資家に「株式投資の目的から決めましょう」と話すと、皆さんとても嫌がります。

「はやく儲かるテクニックや、明日にでも急騰する銘柄を教えて欲しい」

そうした考えばかりが、先に来るようです。

しかし、物事を成し遂げようと思えば、まず「目的」を決めるのは当たり前のことです。

そのために、戦略や戦術をどう使えば良いかも分かります。

では、あなたに質問です。

本当に株式投資で成功したいですか？

あなたの成功とは、いくらを稼ぐことですか？

それは、なんのために？

そして、いつまでに？

明確な目的を持つことができれば、迷わず答えられるはずです。

それも、「いつまでに、いくらほしい」と。

7 目的があるから挑戦できる

少し前の話になりますが、安倍政権のアベノミクス相場でそれなりに資産を増やすことができた人がたくさん出ました。

そんな人たちに対して、

「相場にたまたま乗れただけ」と批評する人も大勢いました。

たしかに、それも真実でしょう。

そう言いたくなる理由もわかります。

なにより私自身が、そうした「たまたま波に乗れた投資家の一人」なわけですから。

私も5年前のアベノミクス相場で、大きく資産を増やしました。

サブプライムショック前後には、１０００万円程度だった資産は、今では2億円を超えるまでになっています。

ただ、今回、たまたま乗れただけの成功者は、それまでにたくさん準備をしてきた目的を持った挑戦者だったということを忘れてはいけません。

目的を持って準備してきた。

だからこそ、チャンスがきたときに、上手く波に乗れたのです。

サーファーもサーフボードを浮かべて、身体の半分を冷たい海水に浸しつつ、海面にゆられながらチャンスを待つから波に乗れるのです。

浜辺でただ波を眺めているだけでは、チャンスに乗れません。

「この風ではムリだな」

「あいつは姿勢が悪い」

「よくもこんな冷たい海で」

そう批判しているだけでは、絶対に波に乗れることはないのです。

仮にビッグチャンスが目の前にあらわれたとしても無理でしょう。

あわてて海に走っても、やはり波には乗れません。

準備も、ましてや覚悟もないままでは、泡とともに沈んでしまうでしょう。

そもそも、それがチャンスであることすら、気づけないかもしれません。

そんな目的を見失ったサーファーに、海が味方することはないのです。

8 神速株投資術があなたの株式投資を変える

ここでハッキリさせましょう。

負け続けている投資家は、じつは圧倒的に成長が遅いだけです。

そして、退場する投資家の大半が、株式投資の目的さえ持たずに相場を甘く見ています。

常に会社を成長させてきた経営者は、自分自身が1年成長しなければ、倒産が1年近づくと考えます。

「成長が止まる」ということは、競合他社が成長し続ける中では、停滞ではなく退化でしかないのです。

一方、株式投資はどうでしょうか。

詳しいデータはありません。

ただ、株式投資も、長く勝ち続ける投資家となると、ごく限られたパーセンテージだと私は思います。

そうした投資家は、今日この瞬間も株式相場と真摯に向き合い、学び続けています。あなたとの差は、当然開くばかりです。

その差を縮めて突き抜けるためには、ジェットエンジンとジェット燃料、以上の2つが必要です。

具体的には、**ホップで正しい「考え方（成功の原則）」を学び**ます。

そして、**ジャンプで成果を出すための「見方（8つの戦略）」と「やり方（戦術）」を手に入れる**のです。

指揮官の戦略のミスを、戦場ではカバーできません。

巻末には、あなたの練習用に神速株投資術に適した8銘柄を厳選して紹介しています。

本書を片手に、一つひとつ練習を積んでほしいと思います。

Column2

わからないからと、誰かに丸投げしない

本気でお金を増やしたいと思うなら、もう1つ、みなさんにやってほしくないことがあります。

それは、わからないからと言って、誰かに丸投げすることです。

こうなると、何も考えないばかりか、責任さえ他人に転嫁するようになります。

失敗からもなにも身につきません。思考停止をした人が、お金儲けできるはずがないのです。

成功もリスクも自分でコントロールしてこそ、継続的に学んでいけます。

継続的に成長した対価として、お金儲けができるのです。

あなたが株で成功したいのであれば、覚えてほしい言葉があります。

「今、楽な選択をすると、将来、もっと困難な状態を作り出す」ということです。

株式投資においては、一度も苦しまずに利益を得ることなどありません。

儲けようと強く思えば思うほど、数多くの失敗を経験することになります。

そこには、プロもアマチュアも関係ありません。

プロの相場師であっても、手元の資金の回転率を増やして積極的に勝負を仕掛けているときは、最初の「買い（または売り）」の勝率は50％を下回るほどです。

プロでも、そんなものなのです。

もちろん、これを簡単に70％や80％に上げる方法もあります。

なんだかわかりますか。

それは、**「勝てるタイミングまで、ひたすら待つ」**ことです。

つまり、数年に一度あるかないかという暴落や金融危機のタイミングまで、じっと動かず、何もしないわけです。

このような投資方法に徹すれば、勝率はおのずと上がります。

プロであれば、そもそも経験も技術もあるので、勝率はさらに上がるでしょう。

しかし、その分、手に入るチャンスも格段に下がります。

暴落時に、一度に投下できる数億の資金があるならば別ですが、ほとんどの投資家はそうではありません。

もちろん、私もその一人です。

そのために、ある程度のリスクを覚悟で勝負をするわけです。
常に判断は間違うかもしれない。
１００％は絶対にないわけです。
もしかしたら、50％の正解率も切るかもしれない。
こうしたとき、残りの50％を補完するのはなんでしょうか。
運や気合ではありません。
それは、あなたの冷静な判断力と経験です。

そのためにも、これまで積立型ファンドや投資信託をメインでやってきた方であっても、投資に関してはすべてを他人任せにせず、積極的に見聞きして、自分の判断力と実践経験を積み上げていくべきなのです。

第4章

【ホップ】株式投資のスタートダッシュを決める

1

株の上級者になる3つのポイント

いよいよ、本章からスタートダッシュを決める**「考え方（成功の原則）」**について話していきます。

考え方は、次の3つの要素で成り立っています。

（1）目的を持つ
（2）成功の原則を知る
（3）常識を変える

1つずつ解説していきましょう。

（1）目的を持つ

1つ目は目的や目標を持つことです。

目的がなければ、このあとの戦略と戦術が定まりません。

カラ売りなどの高度なテクニックや、信用取引などの選択肢も、ただ儲かりそうだから使うというのは誤りで、目的や目標に応じて使い分けなければなりません。

なぜなら、戦略や戦術とは、あなたの「目的」や「目標」を具体的に達成するために活用するものだからです。

また、神速で株式投資で上達するという意味でも、目的を決めることは有効です。

不安になるのは、ゴールが見えないからです。あらかじめ出発点から、学ぶゴールをはっきりさせておいたほうが、無駄な遠回りを避けて、効率的に成長することができます。

(2) 成功の原則を知る

２つ目は、成功の原則を知ることです。

といっても、なんら難しい内容ではありません。

読めば、「なんだ、そんなことか」と思うでしょう。

しかし、ただ知っているだけではだめなのです。

実際に行動できるのと、知っているだけなのとでは、レベルがまるで違います。

また、今回は神速をうたっています。

できるだけ速く、株で儲かる投資家になることが目的です。

そのためには、ここで紹介する「株で成功するための原則」を、できればそのままあなたの脳内にインストールすることをお勧めします。

(3) 常識を変える

最後の3つ目は、常識を変えることです。

今までのあなたの視点を、180度変えるのです。

具体的には、株は負けから入るゲームだと知ることです。

「勝とうと思ったら、負けないといけない」という、いわば株の上級者であれば当たり前の勝ちパターンを知るのです。


いかがでしたか。

読んでみると、意外と簡単に手に入りそうだと感じませんでしたか。

実際、プロの投資家はみな、シンプルな方法を実践しています。

それを、誰にも真似できないレベルにまでつきつめているのです。

2

株で成功したければ、最初に目的を決めなさい

株で成功して、資産を築きたければ「目的」を定めることが大切です。

もちろん、潜在意識とか、抽象的なお話をするつもりはありません。


では、なぜ最初に「目的」を持つことが大切なのか。

たとえば、どの山に登るのかを最初に決めなければ、装備もコースも決まりません。

エベレストに登るのに、ハイキングの装備では頂上につく前に即死してしまいます。

逆に登る山が定まれば、身につけるべき装備も、コース選びなどの戦略も、複数の選択肢から選べばよいわけです。


一方で、**株をしている人の９割が、明確な目的を持ちません。**

それは、株をはじめた最初のきっかけが、

「なんとなく、好景気だったから」

「友達や先輩がはじめたから」

「漠然とした不安から」

あるいは、

「証券会社の営業マンに、しつこく電話で勧められて、つい……」

という方がほとんどだからだと思います。

そのたびに、なんとなく株を購入して、経済ニュースの高揚感にさらにお金をつぎ込んで、ついつい目的もなく証券会社のレターニュースを信じて信用売買をはじめてしまうのです。

そうならないためにも、株で勝つ投資家になるために、まずあなたに決めてもらいたいことがあります。

それは次の3つです。

(1) なぜ、株式投資をするのか
(2) いつまでに、いくら稼ぎたいのか
(3) そのために、どんな戦略が必要か（戦略については、この後の第5章で詳しく解説します）

図表 8 勝ち続ける投資家になるためのチェックシート

質問1　なぜ、株式投資をするのか？

質問2　いつまでに、いくら稼ぎたいのか？

質問3　そのために、どんな戦略が必要か？

「とにかく、儲けたい」では、サークルの遊びに過ぎません。

株式投資の目的と、それを達成するための戦略と戦術がセットになって、はじめて投資家は高速で成長する可能性を手にします。

考えが甘く、成長の遅い投資家よりも、一歩も二歩も先に行けます。

当然、そのぶん早く儲かるようにもなります。

あなたに目指すゴール

があり、そこに向かうための戦略があり、その戦略を実行に移すための戦術がある。

逆に向かうべき方向性が不明瞭であれば、戦略は立てられないばかりか、あなたに必要な戦術も設計できません。

目的は、自由でかまいません。ただ、本気で目指せるものにしてください。

たとえば「1億円儲けたい」とか「2年で1000万円稼ぎたい」とか、具体的な金額を設定してください。

そのうえで、ではどうするのか。

そういった戦略を考えて、実際に資金をいくら投下すべきかや、信用取引を活用したほうがいいのかなどの戦術に落とし込んでいくわけです。

どれか1つだけではだめで、目的があるからこそ全体がそろってバランス良く成長していけるのです。

ハーバード大学で実施したと言われる、アンケート調査のエピソードをご存じでしょうか。自分の将来に目的があるかアンケートを取り、その後、収入的に成功したかを追跡調査したというエピソードです。あまりに有名な話なので、多くの人が知っているかもしれません。

まず、このアンケート調査では、84％の学生が全く目標を設定していないと回答しました。13％が目標の設定をしているが、紙には書き留めていないと回答しました。

そして、３％の人が明確な目標設定と計画を、紙に書き留めていると回答したそうです。

結果、目標を決めた13％の人は、全く目標を設定しないグループの2倍の収入となり、計画を立てて紙に書き留めた３％は、さらに10倍の収入になったと言われています。

もちろん、これを聞いた読者の中には、

「書くだけで本当にお金が増やせるのか」

「そもそも、よくある啓蒙本の話じゃないのか」

と懐疑的になる人もいるでしょう。

しかし、私が大切だと思うのは、そうした点ではありません。

ここで大事なのは潜在意識とか深層心理とか、そういったことではないのです。

そういわれて、素直に「ああ、なるほど」と思えるかどうか。

試しにチャレンジしてみる。その行動力が、将来を変えるのだと思います。

先程からお伝えしているとおり、目的が定まらなければ、このあとの戦略や戦術が決まりません。この本を読みながら、目的が変わっても構いません。

まずは、紙にあなたが株式投資で手に入れたい目的や金額を、書き出してみることをお勧めします。

3

目的があなたの成長を加速させる

目的を持つと、あなたの成長が速まります。

これは、たとえば証券会社などに招かれておこなう投資セミナーでも、同じことが言えます。株式投資の目的やゴールが明確な人は、質問がスピーディーです。

自分に今なにが足りないのかもよくわかっています。

そのため、目的に向けて成長も速くなるのです。

逆に、セミナーに参加した目的があやふやな人は、どうでしょうか。

実際にあなたがセミナーに参加された際に、こうした経験がありませんか。

質問の目的を、本人も理解していない人。

正直、内容そのものが意味不明な人。

さらには、自分がなにを質問したかったかも、話している途中で忘れてしまう人さえいます。最後には、「すみません、えーと、つまりなんだっけな……」と、話しながら質問を考えはじめたりします。

こうした人は、結局、投資の目的が曖昧なのです。

目的がないまま、ただ儲かるかもしれないとセミナーに来るので、今の自分に必要な質問がうまく導き出せないのです。

当然、株式投資も思うようにうまくいきません。

目的がないのに、どうやって窓の外の景色の違いに気づくのか

このような人に、質問を明確にさせることは簡単です。

「目的」を明確にするだけでいいのです。つまり、なぜ投資をするのかを尋ねるのです。すると、「今度の夏のボーナスがまとまって入るので、それで株式投資をおこないたいと考えています」と答えます。

「いくら稼ぎたいのですか？」と聞くと、

「リスクを抑えたいので、月5万ぐらいでいいです」と答えます。

「では、その達成のために、今回のセミナーでわからなかったことはなんですか」と聞いてあげます。すると、

「あ、そうそう。先生に聞きたかったのは、月5万円を稼ぐのに、何銘柄ぐらいに投資す

ればいいかということです。あと、ずっと疑問に思っていたのですが、月5万稼ぐのに、信用取引はすべきでしょうか?」となります。

明確な目的を、追尾するかたちで、今の自分に必要な質問がはじまったわけです。

人間の脳は、疑問があると、その答えを探そうとする便利な性質があります。

ただ、目的地もわからないのに、行く当てのない旅路への疑問を持つことはできません。

目的があるから、窓の外の景色の違いに、違和感を覚えるのです。

そして、この違いに気づくことこそ、具体的な目的を持つことによって、株式投資への成長が高速化した瞬間なのです。

4 株式投資の成功の原則をそのままインストールする

続いて、**株式投資の成功の原則**についてです。

株で成功するための原理原則は、いわば自然界でいうところの生きていくための掟（ルール）のようなものです。自然界で生き残るために、動物の親は厳しく子どもにルールを教えます。

そうはいっても、株式投資の原則は、次に挙げる3つだけ。これを、できればそのまま、頭に入れてください。

（1）あなたには「経験」がない→経験重視の投資家となる
（2）あなたには「再現性」がない→再現性を手に入れる
（3）あなたには「戦略」がない→戦略を知る

1つずつ詳しく説明していきましょう。

（1）経験重視の投資家となる

株で勝つ投資家になるためには、「経験」が必要です。知識ではありません。大切なのは経験です。

本で読んで知り得た「つなぎ」や「カラ売り」などのテクニックも、当然、ここでいう知識です。知識を実際に行動してみることにより、手に入るのが経験です。

そして、経験することで、成功や失敗したことによって、はじめてあなたが実践するための「技術」が手に入ります。

勝ち残る投資家になるためには、最終的にはこの「技術」が必要です。

しかし、残念ながら、読書やセミナーに参加しただけでは手に入りません。

実際に知ったことを繰り返して、自分で経験をしてみなければ手に入らないのです。

本当に成功していく投資家は、新聞や四季報などの知識などよりも、それをどう実践したか、どう利益を得たのか、そしてなぜ失敗したのかという経験知を重要視します。

経験を重視することによって、投資家として自立していくわけです。

(2) 再現性を手に入れる

株式投資で経験を重ねるということは、実践を通じて成功や失敗を何度も重ねていくことです。失敗は誰にとっても嫌なものです。

しかし、あるときから失敗には、なるべくしてなったという「失敗のルール」があることに気づきます。

同じく、成功には「成功のルール」があることに気づきます。こうして、ルールに従って失敗を減らし、同じ成功を増やすことを「再現力」あるいは「再現性」と呼びます。

株式会社ＵＳＥＮの宇野社長や、サイバーエージェントの藤田社長など、優秀でありながら、倒産寸前まで資産を失ってしまった経営者は大勢います。

しかし、今はまた大きく復活して、さらに事業を拡大させています。

そうしたマイナスから、再起できた要因はなんなのか。

その１つに、成功を再現できる方法を知っていたから、というのがあります。

「再現性の重要性」は、実業家なら誰でも知っています。

再現性はビジネスを成功させるための、必要不可欠な成功のためのドライバーです。

一方で、株式投資での再現性となると、大抵の人が知らないことの１つです。

・成功からは、成功するルールを学ぶ
・失敗からは、失敗しないルールを学ぶ

そうして、もう一度、同じ成功ができるようにする。さらにもう一度、もう一度……、と繰り返しながら、じょじょに負けパターンを減らして、勝ちパターンの再現性だけを追求するわけです。

どんなに派手なテクニックでも、こうした地味な繰り返しが重要です。

知識が投資家を勝たせるわけではありません。そこに、再現性があるか、ないかです。再現性が確立された技法は、何度でも繰り返すことができます。

一方、本を読めばボリンジャーバンドやサイコロジカルなど、さまざまなテクニックが書かれています。それらを使って、一度ぐらいはまぐれ当たりするかもしれません。

しかし、残念ですが、あなたがその再現性をきちんと説明できなければ、それは本当にまぐれです。大切なことは、**あなたがそのテクニックを使って、いかに相場で再現できるかということなのです。**

同じ勝ちパターンを、何度再現できるか

このあとの章で詳しく説明しますが、本書では「つなぎ」や「カラ売り」、あるいは「信用取引」といった専門的なテクニックについても紹介していきます。

ただ、大切なのはこうしたテクニックを、テクニックとして覚えることではありません。テクニックを活用して、あなたが同じ勝ちパターンを、あなたの技術によって何度再現できるかです。

なにかの雑誌やネットにそう書いてあったからやる、では駄目なのです。再現性に自信がなければ、むしろ悪い癖がつくので、やらないほうがましです。

（3）戦略を知る

「経験」から「再現性」を獲得したら、次に大切なことがあります。

その再現性をどう相場で引き出し、利益を増やすかという「戦略」です。

この投資戦略がなければ、行き当たりばったりの投資家から脱することができません。

また、戦略を知るということは、戦場での選択肢を広げることでもあります。

株式投資は、ある意味センター試験と一緒です。

常に大勢のライバルと比較して、どれだけ有利に立てるかが試されていると思ってください。あなたが多くの選択肢から正しく選ぶことができれば、相対的にチャンスが広がります。逆に、正しい選択肢に乏しく、あるいは全く知らない投資家であれば、そのまま損失に直結してしまいます。

そのため、本書では次の第5章をすべて使って、戦略の説明をしていきます。

そこでは、具体的に8つの戦略を紹介しています。それぞれが、あなたの選択肢を拡張する大事な「やり方」です。戦略については、そこでマスターしてください。

いかがでしたでしょうか。

以上が、勝ち続ける投資家になるための、考え方の基礎となる3つの原則です。

原則を持つことは、いかなる状況にも対応できる、太い幹を持つことに似ています。

75ページで説明した家を建てる話と同じです。これらがあってはじめて、次章から紹介する戦略や戦場での戦い方が活かされるのです。

5

常識を変える“株は負けから入るゲームである”

最後は、常識を変えるというお話です。

正しい勝ち方を知ることは、負け方を知るということでもあります。

勝とうと思ったら、まず、負けないといけないわけです。

ちょっと聞き慣れない考え方です。でも、いったいなぜでしょうか。

それは相場には負けがつきものだからです。負けだけを、ごっそりと切り離すことはできません。

株式投資の勝ち負けとは、コインでいう裏と表です。

むしろ株の上級者にもなると、負けをうまく利用して、勝ちを増やしたりもします。

「負け」に対する捉え方が、株の上級者とあなたとでは明らかに違うのです。

どんなに訓練しても、負けはなくなりません。

それこそ「株式投資の達人」と呼ばれる領域でもです。

負けは絶対になくならないのです。

そこが、レベルの差が圧倒的な実力差につながる、将棋や、剣道などの武道との違いです。

この考え方を手に入れるだけで、急に上達のスピードが速まる投資家もいます。株式投資の手法がガラリと変わる投資家もいます。

ぜひ、しっかりと負けに対するイメージと考え方を変えてください。

では、具体的に説明していきましょう。

この道四十年のベテラン投資家でも勝てない理由がある

剣術であれば、「無敗の剣豪」となることは可能です。

剣豪との実力差があれば、剣先が相手に触れることさえ叶わないでしょう。

一瞬の隙を衝かれて、一撃で倒されてしまいます。

一方、株式投資ではこの道四十年以上の、それこそ相場の霞を食べてきた仙人のようなベテラン投資家でも平気で負けてしまいます。

それも、連続して負け続けたりします。

そこが剣術との大きな違いです。

図表 9 株式投資の経験と負けの関係

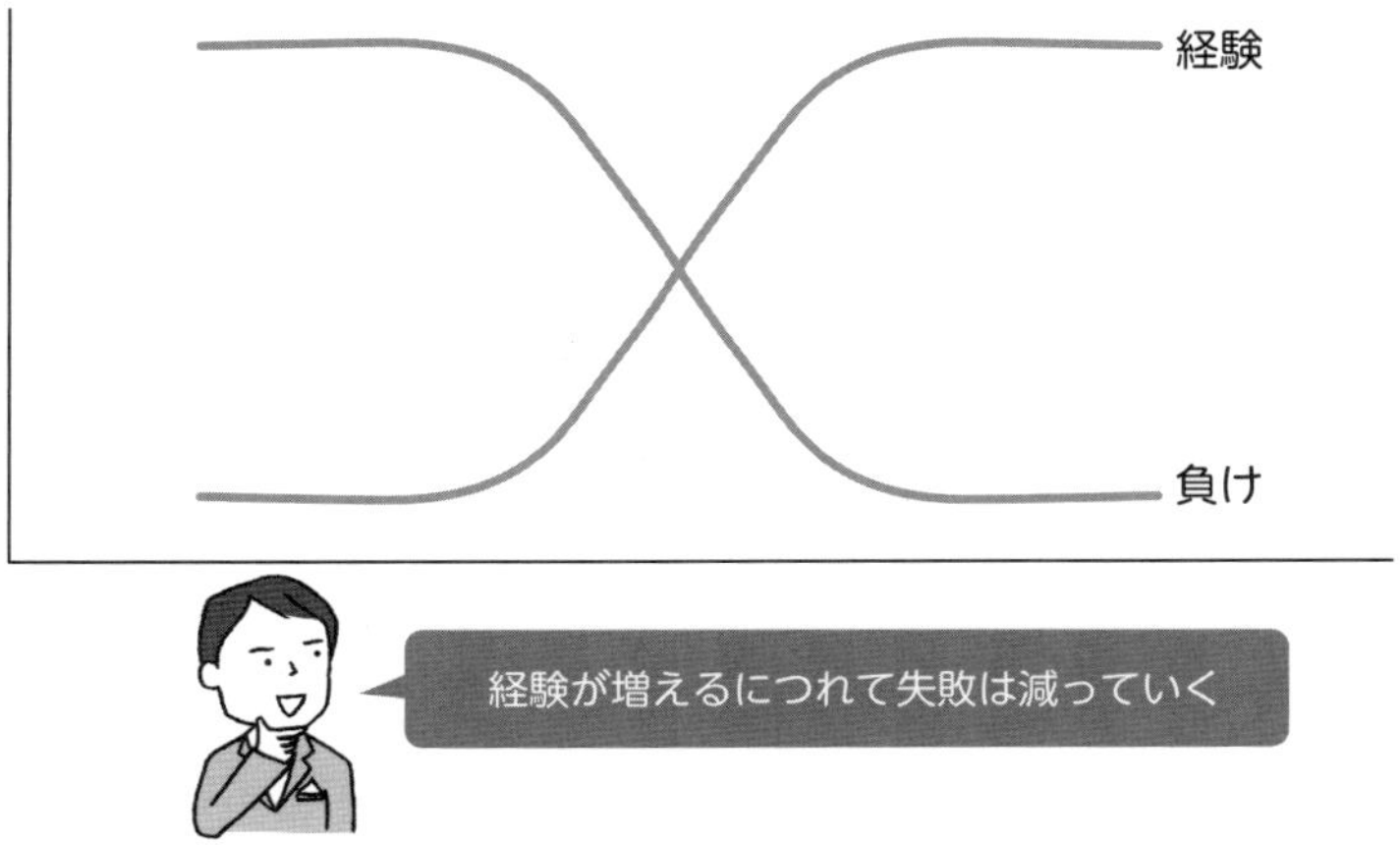
経験
負け
経験が増えるにつれて失敗は減っていく

そして、このポイントがあなたの常識を変える、とても大きな考え方となります。結局、株式相場の相手はチャートです。未来の動きを予測して投資する以上、どんなに実力をつけても、100%の的中はないのです。長く経験と再現力を積めば、初中級者の投資家に比べて、負けにくくなることはあります。

しかし、それでもやはり、どこかで限界があります。

上の図表9は、それをわかりやすく図にしたものです。

経験が増えるにつれて実力が増し、失敗はじょじょに減っていきます。しかし、それでも完全にゼロにすることはできません。

株は負けからはじまるゲーム

次の言葉は、私の失敗に対する考え方を具体的にあらわしたものです。

- **株の凡人は勝つどころか、負け続けてしまう**
- **株の二流は勝つために、負けを少なくする努力をする**
- **株の一流は勝ちを増やすために、どう負けるかを考える**

株の億万長者は間違いなく、他の誰よりも数多く失敗した人間です。言い方を換えれば、負けは勝ちと同じぐらい、成功するためになくてはならないものなのです。

では、負けが怖いときとは、どのような時でしょうか。

それは、予測が不可能なときです。あるいは、事前の対応ができないときです。

突然、予想外の方向からやってくるから怖いのです。

であれば、最初から負けを想定内にしてしまうことです。負けをコントロールするわけです。

つまり、**株は負けからはじまるゲーム**だと、最初から考え方を変えるのです。

じっさい、私にも日々生き残るためサバイバルする投資家だった頃があります。

そのときの赤裸々な失敗談や、破産しかかった話などは『うねりチャート底値買い投資術』（ダイヤモンド社）に詳しく書いています。

そのため、この本では割愛しますが、その頃の私は上手くなりたい一心で、とにかくあらゆる方法を試していました。

プロの相場師に連絡を取って、直接、教えを乞うたのもこの頃です。

当時、その相場師の事務所は、名古屋にありました。

新幹線で名古屋駅に行き、そこから東海道本線に乗り換えて四十分。三河安城という、大河ドラマに出てくるような名称の地にある、白くて大きな事務所兼用のマンションの一室で、私ははじめてプロ相場師の投資方法を目の当たりにすることになるのです。

6 プロ相場師は、道具、チャート、考え方の3つを大切にする

そのとき、私が感じたプロとアマチュアの違いは、いくつかあります。
なかでも、大きく違うと感じたことが3つありました。

(1) 道具
(2) チャート
(3) 考え方

以上の3つです。

まず、私たちとは道具が違いました。
プロは場帳と呼ばれる売買記録や、失敗を記録した反省ノートなど、仕事の道具をとても大切にします。

次に、プロはチャートの動きを優先します。

チャートに自分の投資技術を、ぴたりと合わせていくイメージです。

日経新聞や四季報も、また雑誌などの切り抜きやチャートブックなども、天井ほどの高さのある仕事場の棚に、びっしりと並んでいました。

しかし、優先順位が違うのです。

チャートの動き方が先で、新聞などの情報は、全部後回しなのです。


さらに、もう1つ、プロとアマチュアとの大きな違いがありました。

それは、**失敗に対する考え方**でした。

株をはじめたばかりの投資家は、勝つことばかり考えています。

勝つことだけに執着している、という表現のほうが正しいかもしれません。

しかし、プロの相場師になると違います。

最初から負けることを想定して、最初の買いを入れていたのです。

7 株の失敗を味方につける

株式投資では、たとえ利益100円を勝ったとしても、勝ちには変わりありません。

それが10回続けば10連勝です。

しかし、それだけでは、わずか1000円の利益にしかなりません。

11回目の勝負で大きく負けてしまえば、これまでこつこつと積み上げてきた利益を、すべて溶かしてしまうことにもなりかねません。

株をはじめたばかりの投資家は、ほとんどがこのパターンです。

小さく利益を積み立てては、一度の暴落でドカンと溶かす、「こつこつドカン」のスパイラルです。

この悪循環から抜け出すには、むしろ失敗を味方につける、という考え方が必要です。

私が考えるところでは、数年でほとんどの投資家が資産を失う理由は、次の2つです。

（1）株式投資の本当の恐ろしさを知らない
（2）負けたときの対処法がわからない

とくに、ほとんどの投資家が、（2）負けたときの対処法がわからない状態です。負け方を知らないまま、投資を続けています。

負けたときの対処法

一方、株の億万長者で、一度も失敗しなかった人はいません。プロの相場師にいたっては、あなたの何百倍も失敗しています。常に失敗を分析して、勝つルールを見つけることが、株で成功するための最短の道だと言えます。

そのためには、失敗に対する見方を次のように変えることです。

- **株の失敗は当たり前だと思う**
- **勉強代として割り切る**

・**失敗から多くを学ぶ**
・**負けから入る「戦略」を知る**
・**負けを勝ちに変える「戦い方」を知る**

最初の3つは、どちらかといえば、あなたのマインドの在り方に近いでしょう。

大切なのは、むしろ4つ目と5つ目です。

負けから入る戦略と、負けそのものを勝ちに変える戦い方、この2つを知ることです。

失敗を味方につける手法とは、負けをリカバーすると同時に、勝ちに変える方法です。

このあとの第6章では、それらの具体的な方法を紹介していきます。

8 株の世界の表と裏は、世界地図を反転した世界と同じ

勝つ投資家になるための「考え方」を説明してきた章も、いよいよ終番です。

そして、ここからは少し中級者向けの内容です。

株を始めたばかりの人は、少し難しいと感じるかもしれません。

ただ、これから説明する視点を、今のあなたのステージで手に入れることは、とても有益なことです。

なぜなら、株の上級者はそれを言葉にできる、あるいは人に説明できるかの違いはあるにせよ、ほとんど無意識のうちにその構造を理解して、攻守に利用して相場で稼いでいるからです。そのため、少しだけ我慢して、お付き合いください。

株式投資の勝ち負けは、表裏一体です。これは、すでに説明してきた内容でしたね。

とくに株式投資は、買う側の勢力だけで、売買が成立しているわけではありません。

そこには売り側の勢力――つまりは「カラ売り」や「つなぎ」といった売り仕掛けをしている勢力も、ある程度存在します。

つまり、株価が下がるほどに儲かる投資家というのが、市場には一定数いるわけです。相場とは常に、その均衡が取れた状態。今、あなたが見ているチャートとは、そのどちらのエネルギー量をも組み込んだものなのです。

たとえば、次のチャートはどちらも商船三井です。

図表10と図表11を比べると、ただ、鏡で逆さにしたような世界。実際、オーストラリアなど南半球の国々では、このように視点を１８０度反転させた地図を使います。

同じ地球であっても、立場や場所によって見え方が異なるのです。そう考えると、買う側の勢力と、このあとで紹介する「カラ売り」「つなぎ」などの売る側の勢力の構図も理解しやすくなります。

この表と裏の仕組みを知ることで、はじめて株式投資の全体像も理解できるのです。

私が知っているプロ相場師たちは、こだわりが強かったり、すごい読書家であったりと、哲学的な方が多い気がします。

そのため、意識せずとも、自然と株式相場のこの**「表裏一体の同質性」**を、なんとなく理解していくのだろうと思います。

図表 10 商船三井(9014)のチャート

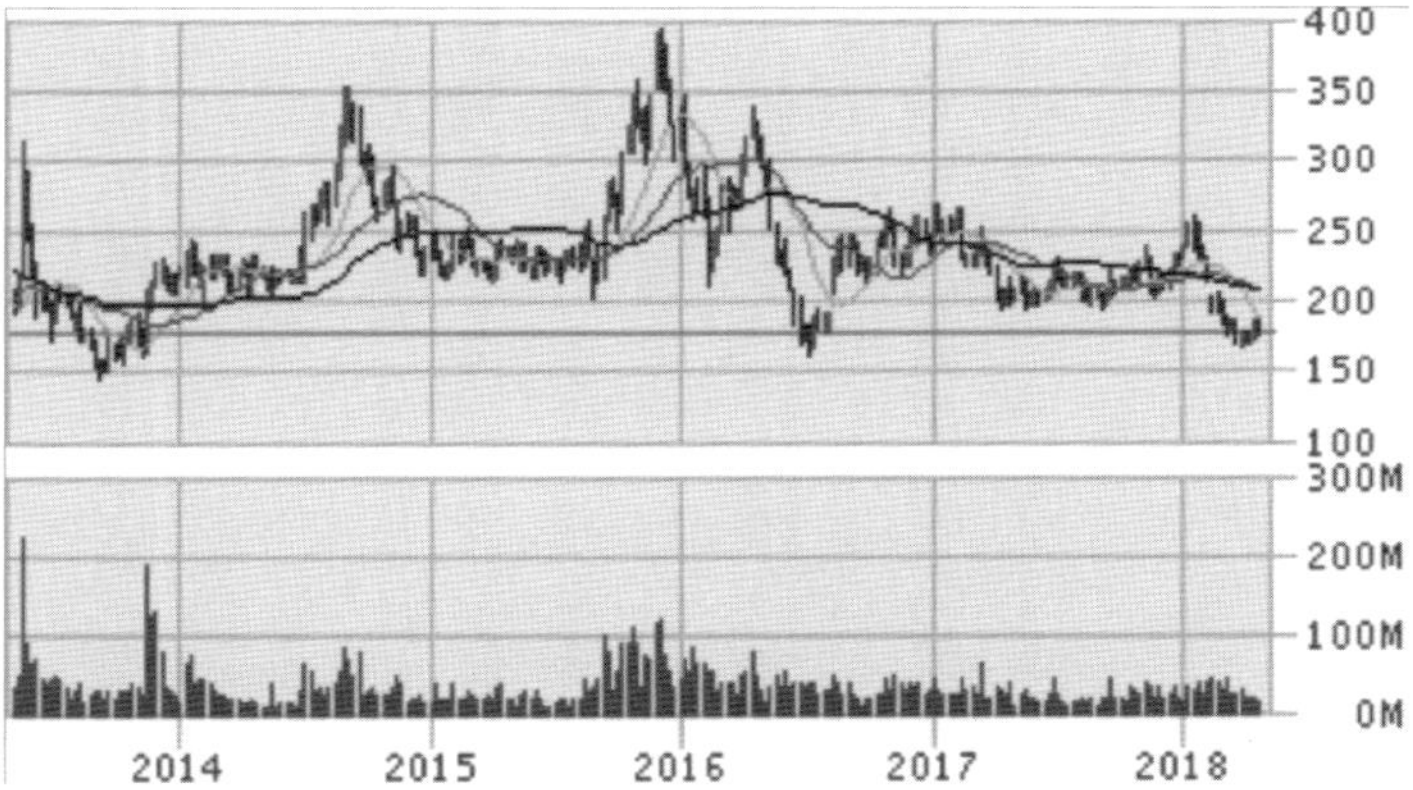

図表 11 商船三井の逆向きのチャート

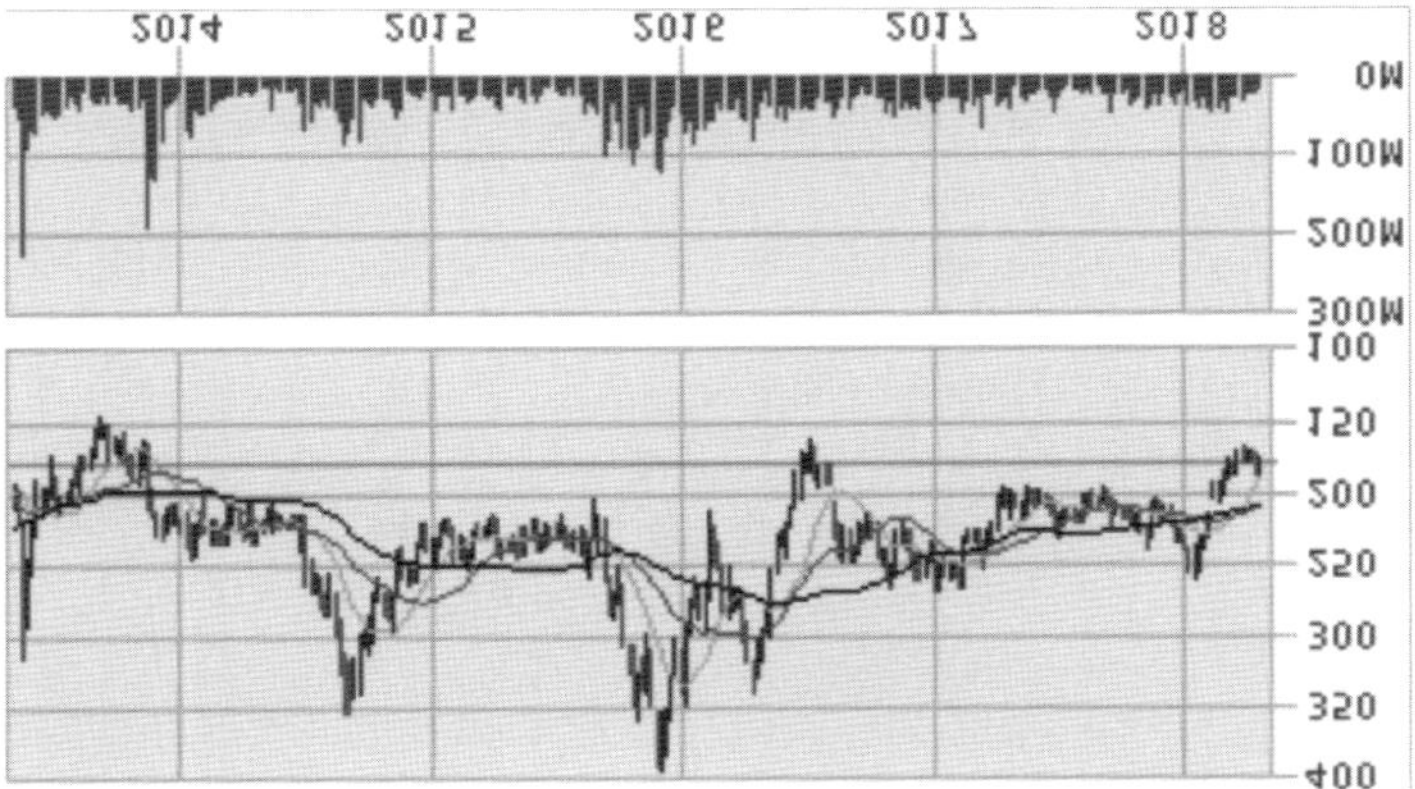

逆の世界の住人たちへの防御策や、有効な攻撃手法への備えが必要

実際、これを知ると良いこともあります。

株式投資の同質性を本当に理解した投資家は、戦略や戦術に厚みが生まれます。

正直、テクニック的に「カラ売り」を教わったり、「つなぎ」といった下げリスクへの対処法を知っても、実際には上手く活用するのは難しいものです。

もちろん、経験が浅いからというのもあります。

しかし、それ以上に、そもそもなぜそうした戦略が必要なのか、腑に落ちていないのです。

このように上昇したチャートが下がることで、むしろ儲かる勢力が一定数いる。

まるで映画スター・ウォーズの世界のように、互いの勢力に分かれて戦っているのだと気づけると（どちらが善悪という意味ではありません）、いかに逆の世界の住人たちへの防御策や、有効な攻撃手法への備えが必要かということが見えてきます。

そして、相場では表も裏も、基本的にはエネルギーは同数で戦略は同じ数だけあります。

9

失敗こそ賢くなれるチャンス

勝つ投資家になるためにもっとも大切なこの章も、まとめに入ります。

失敗の知識を得ることが遅れると、資産を失う確率がそれだけ高くなります。

そのため、できるだけ早く、小さく失敗したほうがいいでしょう。

失敗こそ、賢くなれるチャンスなのです。


プロは自分が慣れきった方法で、単純なやり方を繰り返します。

それは、失敗を受け止めやすく、失敗を次の成功へつなげる再現性が高いからです。

ライバル同士で実力や体力を競い合うような競技などでは、そのほうが長期では体力を温存できますし、効率が良いのです。


しかし、そうした「考え方」が、まずあなたに備わっていなければ、いくら説明しても理解できません。

株式投資というのは、最初の買いの勝率は、プロもビギナーもそれほど変わりません。これは、第2章でもお話ししたとおりです。

技術というものは、ビギナーズラックはあったとしても、回数を重ねるほどに、じょじょに本当の実力差に近づきます。

それで勝っていれば良いのですが、負けているのであれば、賢いやり方とはいえません。毎回、違うやり方では、なぜ自分が失敗したのか、といった気づきを得ることもできません。

気づきがなければ、再現性も見つけられません。

結果、デタラメな投資方法で、ついつい一発屋的な発想になってしまうのです。

『1勝9敗』という本をご存じですか。

ファッションブランドのユニクロを、現在のグローバルカンパニーに育てあげた、柳井正会長の経営哲学をまとめた書籍のタイトルです。

しかし、ユニクロブランドをわずか一代でここまで成長させる陰では、柳井会長は農業ビジネスや後継者育成など、数々のプロジェクトで失敗を重ねています。

実際、海外進出も一度大きく失敗して、甚大な損失を被っています。

それがいまや、中国、シンガポール、ベトナムなどにも進出する、世界的なアパレル企業に変貌を遂げています。

それは、いったいなぜでしょうか。

皆さんなら、もうおわかりですね。

そう。失敗の中で戦力を分析して、次の戦いで勝利を収めていったからです。

こうした積み重ねの連続でしか、優秀な経営者であっても、世界有数の巨大企業にはなれないのです。

つまりは、株とまったく同じなわけです。

連勝しなければならないという常識は、ビジネスの世界では非常識です。

賢く失敗して、あなたも本当の勝ちを手に入れてください。

第5章

【ジャンプ】神速株投資術の8つの戦略

1

市場はコントロールできない

15年間、株式投資をしてわかった、株の上級者とアマチュアを隔てる、たった1つの思考の壁があります。

それがこちらです。

- **株の初心者は、なんとか市場をコントロールしようとする**
- **株の上級者は、まずは自分をコントロールできないかと考える**

たしかに、言葉遊びのような違いです。

しかし、思いもしなかった成果の差が生まれてきます。

実際、羽田空港を飛び立ってニューヨークに向かった航空機は、経度がたった数度ズレただけで、ラスベガスに着いてしまうといいます。

たった数度のズレです。それでも、大きな違いを生み出すのです。

とくに経験に乏しい投資家ほど、市場をコントロールできると、本気で考えてしまいがちです。

財務諸表の分析方法に詳しくなったり、海外ファンドの動向を把握できれば、市場を掌握できると。

しかし、その認識は誤りではありませんが、正しくありません。

財務諸表は私もチェックする貴重な情報源ですし、海外ファンドは日本の株価を決定づける重要なキーファクターです。

しかし、どんなにこうした情報や海外動向に明るくなろうと、市場はコントロールできないのです。

いっぽう、株式投資の上級者は、長年の経験から、そうしたことは不可能だと気づいています。

そのため、市場より先にまず自分をコントロールすることを考えるのです。

2

成功する投資家になる8つの戦略

株式投資とは**「経験の科学」**と言う人がいます。

泳ぎ方を覚えるためには、見えない水の中で必死に手や足を動かして、経験によって身につけていくものです。

どんなに畳の上でクロールの泳ぎ方を練習しても、実際には水の中で練習しないと上達しないのと同じです。

とくに株式投資では、経験がない場面に出くわすほど不利になります。

用意できる打ち手の数を知らない、選択肢のない投資家は、それだけ相場では負けやすいのです。

どのような状況に対して、どう対応するのか。

さまざまに分岐するシナリオの中で、戦略の意思決定をどう組み合わせるのか。

その選択肢を、いくつ持てるかが大切なのです。

これから紹介するのは、**株式投資で成功するための8つの戦略**です。

これらの戦略を知ることは、あなたの「攻める力」を高めてくれます。

同時に「守る力」、つまりは相手の出方を予測したり、防衛策を講じる力も高めてくれます。

(1) 攻める力
(2) 守る力

この両方を同時に高めるのが、神速株投資術の８つの戦略だと思ってください。
具体的なチャートをいくつか用意しました。
また、私の過去の実践方法もそのまま紹介しています。
何度も繰り返し読んで、頭に入れてください。

8つの戦略の考え方と使い方

良いサスペンスとは、最初にいた登場人物の中で話が進みます。
密室や列車内など、ある程度登場する人物の登場シーンに制約があったほうが、名作と呼ばれやすいのはそのためです。

いきなり、どのシーンにも登場していない人物が、「私が真犯人でした」と言ってもなんだか腑に落ちません。

これと同じように、株式投資も全てのシナリオが最初から見えているのが理想です。そうでないと、相手の動きも捉えにくいものです。

そうすると手足を動かそうにも、行動の限界を生みます。

市況を見ながら、投資戦略を組み合わせて売買する

このようなときには、どうしたらいいか。

これを陸上自衛隊では、「目前の霧を払う」と表現します。

自衛隊は戦いの前には、目の前の状況に対して、戦略をどう展開するか。

そして、どのぐらいの損害を予測するか、といった情報分析を非常に大切にします。

まず戦局をどう考えるか。

次に、どの戦略同士を組み合わせるか。
最後に、どう部隊を動かして、この局面を勝利に向かわせるか。
この順番で、常に判断を決めているわけです。

株式投資の８つの戦略も、これと同じです。
まず市況をどう見るか。
次に、どの投資戦略を組み合わせるか。
最後に、どう買い（売り）を動かして、勝利に導くか。
この順番で、判断を決めていきます。

3 あなただけの必勝の組み合わせを選択せよ

この本もいよいよ後半戦です。

人によっては、もっともエキサイティングで、投資戦略の奥深さ、面白みを感じられる部分でしょう。

戦略の見方、つまり組み合わせ方は非常に大切です。

戦場においては、選択肢の制約は、そのまま思考や行動の限界となります。

たとえば、読者の皆さんは長篠の戦いはご存じでしょうか。

天正３年（１５７５年）に今の愛知県にておこなわれた織田信長・徳川家康連合軍と、武田勝頼軍との戦いです。

中学校の教科書にも紹介されているので、歴史が好きでなくても、ご存じの方も多いことでしょう。

このとき、勝頼率いる武田軍は、騎馬隊による戦い方しか知りませんでした。

対して、織田軍はどうだったか。

まず、鉄砲隊を備えました。

それも1隊を3列に分割した、当時最強の戦略布陣です。

こうして史実を読むと、まるで鉄砲隊VS騎馬隊のような戦国絵巻物を思い浮かべます。

しかし、私が考えるに、それはおそらく正しくはありません。

すでに京都から近畿一帯を支配下におさめた織田軍です。

その資金力は、衰退がはじまっていた武田軍の数倍はあったと思います。

とうぜん、後方には、支配下から集めた屈強な騎馬隊もいたはずなのです。

たまたま予想より早く勝敗が決してしまった（相手が敗走してしまった）だけで、とどめの一撃として、同じ数の騎馬隊を用意していても、なんらおかしくありません。

信長のことです。もしかしたら試験的に鉄砲を持たせた、奇襲用の特殊な騎馬隊もいたかもしれません。

さらに、武田軍の突進を食い止めたのは、鉄砲だけではありませんでした。

それを可能としたのは、堀や馬防柵を作ることが専門の工作兵です。

しかも、織田・徳川連合軍は4万近く。対する武田軍の兵力は、わずか半分以下の1万5000。

数でも士気でも、圧倒的に有利だったのは、連合軍です。

そのまま兵力で押し切っても、負けることはなかったと思います。

その2倍以上の兵力差をもってしても、決して油断することなく、鉄砲と馬防柵の二段構えで、たとえ万一の場合でも勝てる必勝の組み合わせを「選択」したのです。

これが、織田信長の戦い方なのです。

対して、武田勝頼の選択はどうだったでしょうか。

残念ながら、たった1つの選択肢だけでした。

そのわずかな戦略だけで、防衛、分割、攻撃、陽動、突撃、援軍と、幾重にも張り巡らされた織田軍へと突進し続けたわけです。

これが、武田軍を滅亡に追い込んだ、長篠の戦いの本当の姿です。

4
あなたには、どれだけの投資戦略がありますか

今度は、これを皆さんの株式投資に置き換えてみましょう。

思いつくだけで、あなたはどれだけの選択肢を想定して戦えていますか。

株式市場に合わせて様々なシナリオの選択肢があれば、そのときどきで有利に展開できます。

株式投資では、プロの相場師は少なくともこれから紹介する８つの戦略を組み合わせて、戦いを仕掛けていきます。

対してあなたは、相手の投資家よりも投資戦略の数が多いと断言できますか。

選択できる戦略の数が少なければ、どうなるでしょう。その隙を、必ず衝かれます。

反対に選択肢の数が多ければ、相手の隙が見えてきます。

あるいは、知っているだけで防衛できます。推理小説と同じです。知らない戦略は、展開を想像することすらできないからです。

あなたは今、どれだけの戦い方を、知っていますか。

戦い方を知らなければ、実践では話にならない

とくに株の成功者が大切にするのは、戦略の順番です。

決断が早いのは、戦略を出す順番を、最初から決めているからです。

一方、アマチュアの投資家は決断までの優先順位がありません。

そのために、いつも後手後手にまわってしまいます。

あるいは予想外の展開に悪手を積み重ねたり、慌てて損切りしてしまうのです。

普段から戦略をどう見ているか。そのプロセスが、行動のスピードとなってあらわれているわけです。

とくにプロの相場師は、どうやったらこの不利な状況を改善できるのか、という戦略の組み合わせを知っています。

だから、負けから入っても、最後には勝つのです。

これが、プロの本当の戦い方です。

この「戦い方」を知らなければ、実践では通用しません。

知らなければ、未来への不安しか残りません。

これから紹介する戦略は、大きく分けて８つあります。

それぞれ攻守に対して、メリットとデメリットがあります。

そのため、組み合わせやバランスがとくに大事です。

すべてを、今すぐ実践で使える必要はありません。

しかし、これだけの戦略があるのだということを、最初のスタートダッシュから知っていなければなりません。

株の上級者は、これらの組み合わせで、あなたに戦いを挑んできています。

あなたは、それを迎え撃たなければなりません。

そうでなければ、騎馬隊の運用方法しか知らない武田軍と同じです。

相場という戦場では、話になりません。

未来は、１００％予測できません。

上がるか下がるかは、プロでも当たらないのです。

大切なのは先行きがどうあれ、相場の動きにどう自分を合わせていくか。

どっちに動いても良いように、戦略の基本操作を体得することです。

図表12 これが神速株投資術の8つの戦略

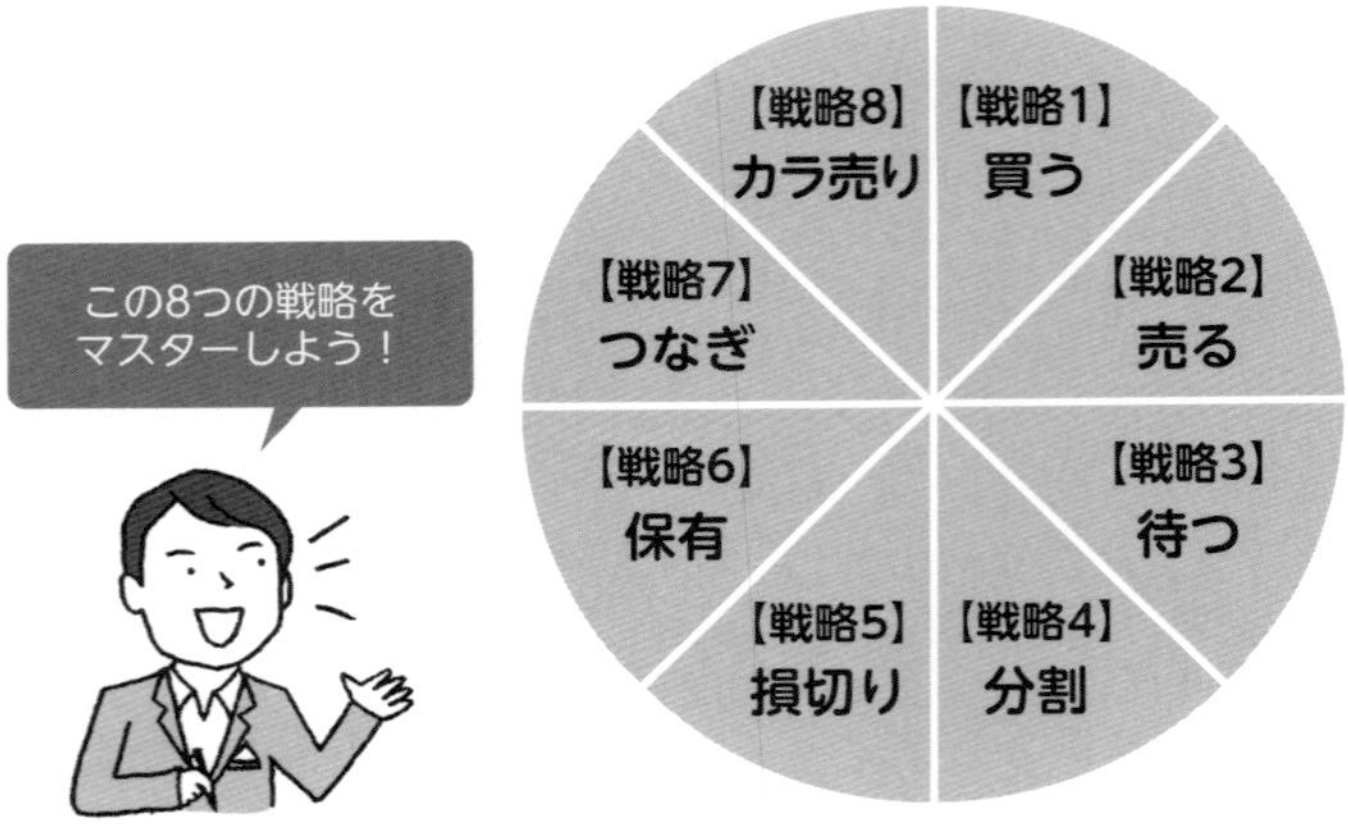

具体的には、チャートに合わせて８つの戦略で、どこで買って、どこで売るのかを考えることになります。

また、どこまで耐えて、どこから攻めるのか。

これらをチャートを見ながら、自らの資本力や投資目的などと照らし合わせて、総合的に判断していくわけです。

戦略
1

買う――買った後の事後調整を大切にせよ

株式投資の連勝にはあまり意味がありません。

連勝を報告するトレーダーがいたら、

「では、トータルの儲けはいくらになったのか？」

と聞いてみましょう。


連勝ばかりに気を取られると、木を見て森を見ずとなってしまいます。

かえって、うまくいかなくなってしまうものなのです。


プロは本質だけを見ます。

３ヶ月、６ヶ月、あるいは中期トレードの人なら１年間の、一定期間の売買によって、自分の運用資金が増えたのか減ったのかで、投資がうまくいったかを判断します。一定の期間の資産増減を、ストレートに考えます。

対して、アマチュアは短期の、それもわずか一日か二日の勝ち負けという、非常に狭い範囲に目を向けたがります。

そうした投資家は、プロでも予想は当たらない、という現実的な話をもっと理解すべきです。

正直言って、相場に対して積極的な戦闘状態にある場合は、プロでも的中率は4割前後です。もちろん、私も同じです。

忘れてはいけないのは、短期の予想は株の達人でも当たらない、という事実です。果敢に買い挑む勝負どころでは、どうしても買うペースが速まります。攻めてポジションを増やす以上、わずかな誤差はしかたないのです。

それに、どうしたって「欲」や「私見」といったものも絡みます。技術があり、感情をコントロールすることに長けたプロであっても、それは同じなのです。

買ったあとの操作が大切

それでも、長い目で見れば、プロの投資家はアマチュアに勝ちます。

もっと正確に言うと、最初負けから入っても、中長期ではトータルで勝ちに持っていくのです。

それは、なぜなのか。

銘柄を買ったあとの、適切なタイミングによる戦略の調整、つまり事後処理を大切にしているからです。

これが、「負け」から入っても、最終的にプロが勝つ最大の理由です。


誰かのお勧めで「買う」。

ネットの情報だけで「買う」。

四季報の分析だけで「買う」。

証券会社から送られてくるダイレクトメールで「買う」。


それでもいいと思います。

大切なことは、予想が外れたらどうするのか。

それをリカバーするのは、チャートの動きに、あなたがどう合わせるかしかありません。

つまり、すべては戦略の組み合わせでしかないのです。

戦略 2

売る——売りは自分のタイミングを大切にする

投資家の方から受ける質問に、

「売るのが難しい」というものがあります。

理由があるとすれば、「もっと高くなるかもしれない」「銘柄に愛着がでて売れない」のどちらかでしょう。

しかし、ここでつまずいていては先に進めません。

私ができるアドバイスとしては、せめてスタートダッシュを切って、一人前の投資家になるまでは、早めに売ってしまうことです。

そのほうが、早く経験が増えます。

再現性も見つけやすいでしょう。

生き残る投資家のステージになれば、無理をしなくても、自分なりの投資戦略が確立していきます。誰でもそうなるのです。

そうなってからはじめて、長持ちして利益を増やすのか、資金の回転率を速くするのかを決めればよいのです。

「利益を分けてあげる」と考える

とくに、頂点を狙いすぎると、いつまでたっても売れない可能性があります。

私は会社の若手社員にも、本人が望めば株式投資を教えています。

そうしたなかで、意外と多い悩みが、

「売ったほうがいい」とアドバイスしても、なかなか売れないことです。

私に近いところにいて、毎日、私が直接アドバイスしている社員ですら、売れなくて悩んでいるのです。

孤軍奮闘で、しかも独学で投資をしている投資家であれば、なおのことでしょう。

それ以上に、多くの悩みを抱えていてもおかしくはありません。

もし、そうした皆さんに1つだけアドバイスするとすれば、

「利益を分けてあげる」と考えてみることです。

株式投資は、勝つ側と負ける側が、必ずいます。

あなたが利益を独占すれば、その陰で苦しんで、相場を退場させられる投資家が大勢い

ます。

哀れんだり同情をしろ、というのではありません。

もし、少しだけ売るのを早くしたいのであれば、売ることが他の投資家の苦しみを少しでも緩和するという違う側面も知ることだと思います。

そう思えれば、「売る」という行為にも、少しは抵抗感がなくなります。


とくにスタートダッシュ時は、あまり欲張らず、自分のタイミングで売ることを肝に銘じてください。


大切なのは周囲の情報より、自分のタイミングです。

そのほうが、相場からの感覚が直に伝わります。

「買う」「売る」と経験できたぶん、速く成長もできます。

最終的に、速く成長する投資家になるためには、株式投資のアクションを通じて常に成長していると実感することが早道です。

「売り」で失敗したら、その経験もエネルギーも、すべて貪欲に吸収すればよいのです。

戦略 3

待つ――勝ち負けの勝率を高める冷静な駆け引き

「休むも相場」という言葉があります。

株式相場の本を読めば、たいてい、似たようなことが書かれています。

ただ、私はこの表現を好みません。

私の本業はPR会社の経営です。上場企業のCMなどで使われる、数々のキャッチコピーもプロデュースしてきました。

だから、ちょっとした言葉のニュアンスや表現にも、非常にこだわります。


私が使うとすれば、それは「待つ」です。

ヒョウは獲物を見つけると、藪のなかで低く構えてタイミングを待ちます。

長いときは夜を越えて、翌日まで待つこともあると言います。

これが、弱肉強食の世界の「待つ」の姿勢です。

休むではなく、「待つ」なのです。

常に動いては必ず負ける

茶道や武道では、「静から動への一連の動作」が、もっとも大切と言われます。剣道では流派によって、互いに一礼しても、相手から目を離しません。目を離せば、斬りかかられてしまうからです。

一方で、ほとんどの投資家が、「休む」とは値動きを見ないで、単に相場から離れることだと思っています。

いったん相場を忘れて、リラックスして、気持ちを落ち着かせる行為だと。

「休む」という言葉の持つイメージが、そう思わせているとも言えます。

まるで「オンとオフの切り替え」のように。

だから、私は「待つ」という言葉を使うのです。

ポジションが薄いとき、あるいはゼロのときこそ、手元資金が潤沢なわけです。

次のチャンスを見つける、大事な時間となります。

ある意味、ポジションを取っているとき以上に、しっかりとチャートを見ないといけません。

「待つ」から、あなたの好きなタイミングを絞り込めるのです。

毎日売買をおこなうデイトレーダーでさえ、常に動いていては、必ず負けます。

常に動いてはいけないのです。

このように勝ち負けの勝率を高めるため、相場と冷静な駆け引きをおこなうのが「待つ」の本質です。

精神的な負担を減らしつつ、相場をフラットに観察し、具体的な策を練る時間を設ける。

それらすべてが、「待つ」という戦略なわけです。

戦略
4

分割—タイミングを何回かに分けて株を売買すること

銘柄を買う際に、1つのタイミングで全力買いせず、タイミングをいくつかに分ける方法を分割と呼びます。

スタートして間もない投資家ほど、新聞やマネー誌に掲載された推奨銘柄や、有名ブログのお勧め銘柄を知ると、気分が高揚してしまうものです。

これは、私にも経験がありました。だから、非常によくわかります。

株をはじめたばかりの頃は、自分をコントロールすることができません。

というより、その大切さに気づけていなかったのです。

やることと言えば、「市場をどうコントロールしようか」という、外向きな感情ばかり。

同じように、スタートダッシュを決め切れていない投資家は、まだ自立した状態にありません。

その場合、自分の感情をコントロールするのは難しいでしょう。

ある意味、仕方のないことなのです。

こうした投資家が、儲けを焦って、一度に購入してしまうと、チャートが下がっても対応策がありません。

チャートの動きを完全に予測することは、プロでも不可能です。

もし、事前の対応策としての戦略があるとすれば、それは最初から資金を分散することです。

最初から下がるリスクを想定しておき、資金を分割して、何回かに分けて株を購入するわけです。

とくにスタートダッシュをはじめたばかりの投資家に、ぜひともマスターしてほしい戦略となります。

「当たらない」を「当てやすくする」のが分割の基本

「散弾銃」という種類の銃があるのをご存じでしょうか。

「ターミネーター」という米国の映画で、主人公を演じたアーノルド・シュワルツェネッガーがよく使っていた銃です。

ショットガンといった名前で呼ばれることもあります。

この銃が散弾銃と呼ばれている理由。それは発射すると同時に多数の散弾が広範囲に飛び散るからです。

通常、ハンドガンではそのような飛び方はしません。

そのため、撃とうとするたびに、立ち止まる必要があります。照準を合わせて、しっかりと狙いを定めなければ、ターゲットに当たらないからです。

ニュースなどに出てくるアメリカの警官も、全員両足を広げて、しかも両手で撃っていますよね。

アクション映画のように、ハンドガンを構えることなく片手で、あまつさえ走りながら相手を倒すことは不可能です。

一方、ショットガンは違います。

「ターミネーター」の映画の中では、主人公はショットガンを連射します。しかも、まったく銃を構えません。

図表 13 分割はショットガン的な当て方

最初からドンピシャで
当たらないことを
想定して弾（買い）を分散させる。
そのため、素人でも当てやすい。

これは、ショットガンの構造の違いからです。

ショットガンはそもそも、銃の弾は当たらないことを想定して製造されています。

訓練していない素人では、的確に弾を当てることは難しい。であれば、最初から飛ぶ方向を一直線にするのは非効率です。

むしろ広範囲に飛び散るようにしてしまえば、誰でも当てやすくなる。

これを図で示すと、上のようになります。

勝つための通過点かどうかを見極める

分割は、とくに勝つ投資家になるために大切な戦略です。

プロの相場師のほとんどが、この分割を基本に、独自の投資手法を組み合わせています。

ただ、このとき、気を付けてほしい大事な考え方があります。

分割とはただ単に、売買のタイミングを分割することではありません。

この方法で分割すれば、最終的には勝つが、一時的にマイナス20%はあり得る、と考えることができるかどうかです。

大切なのは、最終的にプラスに収束する、その通過点であるかどうかの見極めです。

新しく事業をスタートする場合、少なくとも最初の数ヶ月は赤字です。

運良く初月から黒字ということもあるかもしれません。

しかし、それはかなりのレアケースです。

では、どうするのか。

最大でどのぐらいの赤字に耐えられるかを、あらかじめ決めておきます。
そうして、数ヶ月かけて黒字に持っていきます。
もし累積赤字が予定を超えれば、撤退を決めます。

同じように、株式投資でもどれぐらいの横幅、つまり時間軸まで耐えて勝つか、という戦略的なシナリオが必要です。

さらに大切なことが、もう1つ。

分割は「相場の波の乗り方」として解説されることがほとんどですが、そういった、

（1）値動きに合わせたリズムの分割

という考え方に加えて、

（2）リスク管理のための粘りの分割

という意味合いもあります。

「**（1）値動きに合わせたリズムの分割**」も大切ですが、私はむしろ「**（2）リスク管理のための粘りの分割**」という見方も大事だと思います。

一度にまとめて買いを入れると、予想に反した場合にリスクが大きく、時間の経過とともにチャンスを拡大することができません。

時間の流れは点ではなく、線で考えるべきです。

すると、分割するととうぜん未来に向かって扇状に広がる線になります。

半年後には、相場も大きく動いているかもしれません。あるいは、別の機会が生まれているかもしれません。

分割するということは、そうした未来の選択肢を増やすことでもあるのです。

迷いはなくならない。むしろ分散する

繰り返しになりますが、よい戦略というものは、あなたの選択肢を拡張するものでなくてはいけません。

未来に向かうほどに選択肢が拡張すれば、あなたの行動範囲も広がります。

賢い経営者ほど新事業をはじめる際に、スモールスタートをしたり、テストマーケティングによって検証を重ねます。

そうして、経験を積んで、勝てるチャンスとなれば資金や人をドカンと投入します。

もちろん、華々しく一発勝負をして、大きな成功を収めた人もいなくはないでしょう。テレビなどで紹介される経営者は、みなそうした経歴に見えます。

しかし、そうした経営者は、実際はかなりの少数です。

投資の仕方がギャンブル的なため、退場する確率も高いはずです。


一方、賢い経営者は、１人の成功者の陰に、99人の失敗者がいることを知っています。

株式投資もこれと同じです。チャート上でも買いを分散することで、リスクを分散しながら、粘り強く、辛抱強く勝つわけです。

また、分割することで心理的な余裕も生まれます。

チャートの動き方に対して、自分の行動や感情をどうコントロールすればよいかがわかるようになります。

迷いは絶対なくなりません。だから、迷いも分散するのです。

これが、本書で紹介する分割売買の基本です。

当然、シナリオが崩れれば、損切りとなります。

分割投資の私の実践方法

最後に、図表14の日本板硝子（５２０２）を使って、私の実践方法をご紹介しましょう。

チャートを見ると、下値８００円、上値１０００円の間でボックス相場にあることがわかります。

このように、ある一定期間、規則正しく上下運動を繰り返す銘柄を、私は**うねりチャート**と呼びます。

なお、うねりチャートについては、後ほど１７８ページで詳しく説明しますので、ここでは割愛します。

チャートはリアルタイムに動いています。

これだけを見ると、最初の黒い印「▲買い1」の８５０円も、十分チャンスに見えます。

そのまま上がってしまって機会損失になる恐れも考えると、大きな買いを入れてしまいたくなります。

ただ、ここで資金を一括投入すると、さらに下がった場合に対処できません。そこで、

図表 14 日本板硝子（5202）

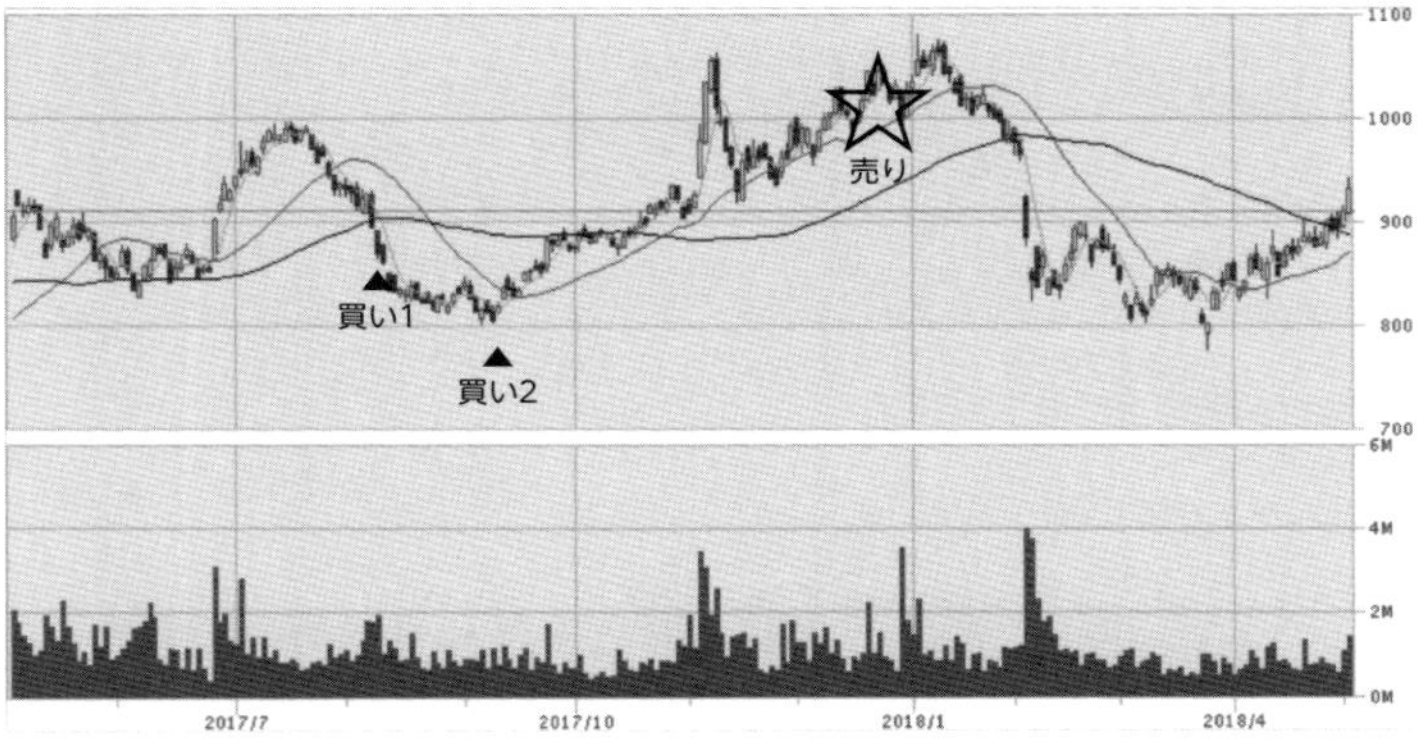

資金をあえて分割するわけです。実際、日本板硝子はその後、８００円まで下がったため、二度目の分割買い「▲買い２」をおこなっています。そうして、１０００円まで上がった☆印のところで、一括売りで利益を得ました。

ちなみに分割売買の具体的な投資方法は、私の著書『うねりチャート底値買い投資術』（ダイヤモンド社）でも詳しく紹介しています。こちらも併せてお読みいただくと、より体系的に理解が深まると思います。

分割投資の実践方法〜証券会社を分ける

次の方法は、あくまで私のやり方なので参考になるかはわかりません。

ただ、ある程度の資金力があり、積極的に分割売買を取り入れたい方には有効な方法です。それは**証券会社を複数に分ける方法**です。

証券口座ごとに分割して購入すれば、それぞれの動きに応じた対処が可能となります。分割は銘柄を買うタイミングを分けて取得することで、平均値を有利にする方法です。しかしながら、同じ証券口座で分割を仕掛けると、購入した株価×株数の平均値になってしまいます。

でも、証券口座そのものを分けておけば、現物取引だけで同じ銘柄を分割できるのです。私の場合は４口座に分けて、下がるたびに分割買いを仕掛けていきます。こうして、それぞれのチャートのうねりを、証券口座を別々に分けることで個別に拾っているのです。

ただ、この方法についてはメリットもありますが、デメリットもあります。資金力が必要となるのと、管理の手間がかかることです。

そのため、あくまで中級以上の方が参考にするといいでしょう。

図表15 うねりチャートを分割して買う

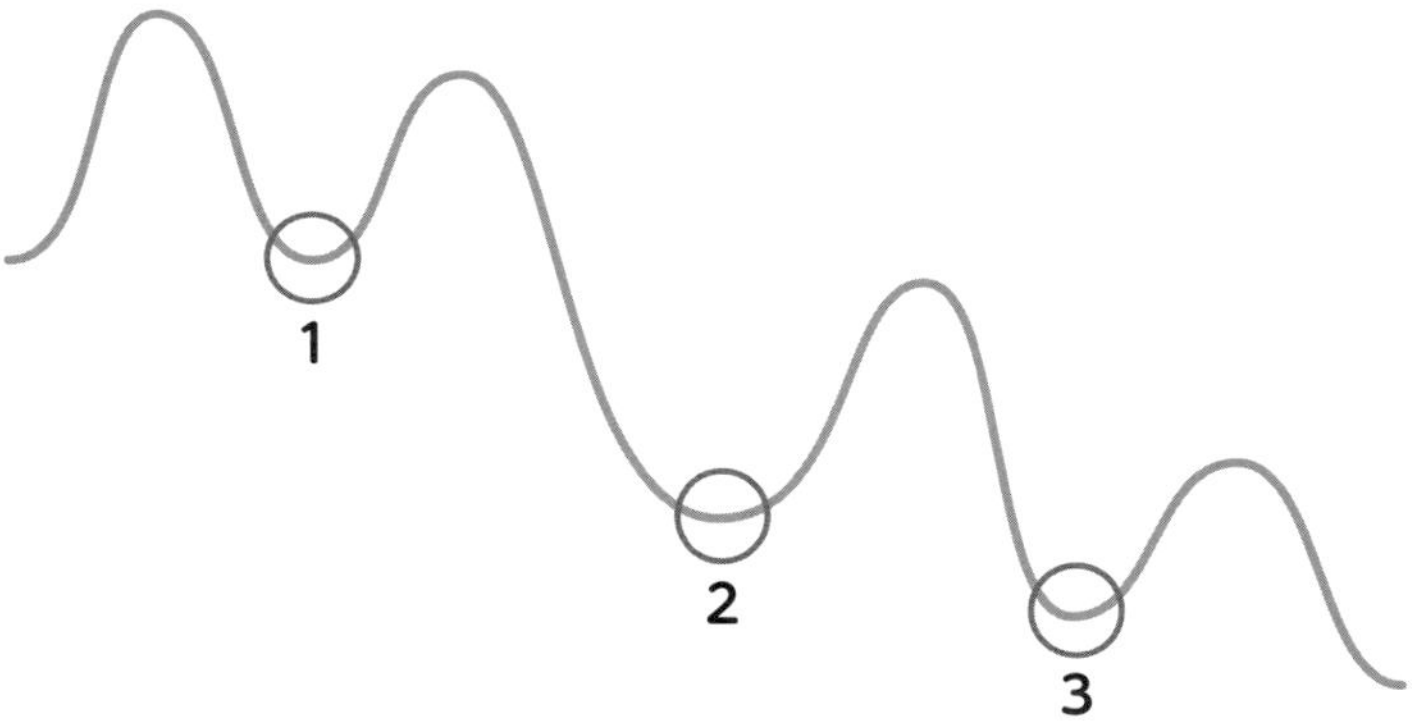
1
2
3

それぞれ左から、1楽天証券
2むさし証券　3ライブスター証券。
こうして分割ごとに
別の証券会社を使うと、
株数の平均値とならず、
うねりを個別に取れる。
この場合、SBI証券は
相場の「まさか」が
起きたときの口座となる。

損切り――戦略の前提が崩れた際の対処法

あなたの戦略の前提が崩れたときは、いさぎよく撤退します。

一度撤退して、態勢を立て直すのです。これを「損切り（ロスカット）」と呼びます。

私の場合、損切りは全体の３割となります。

３割と聞くと、たいていの人は驚きます。

「ルール無視だ」と笑う人もいます。

なかには、

「損切りが３割なんてありえない。本当のことを隠している」と疑う人までいて驚きました。

一方で、プロの相場師は違います。

「ほう、君の方法はユニークだね」と目を輝かせます。

他人の投資方法が定石かよりも、新しく効果的な手法なら取り入れて、みずからを高めることに常に目を向けているためです。

つまり、彼らは株式投資に正解がないことを知っているのです。

損切り5割の人もいるでしょう。

9割の人もいていいと思います。

それでいいのです。

それで、全部正解なのです。

最終的には**個人のトレード手法を確立することを、私はこの本を読んだ皆さんの目的にしてほしい**と思っています。

誰かの真似事では、一時的に勝てても、長くは勝ち続けられないのです。

ほとんどの投資家は損切りが大好き

ただ、あえて1つだけ言わせてもらえば、投資家というのは、いつからそんな損切りの話が好きになったのでしょうか。

私は単に株価が下がっただけでは、損切りはしないと言っているだけです。

大切なのは、買ったときの根拠や前提が崩れたときだと考えます。

一方で、大半の投資家は損切りの話が大好きです。

私が講演のゲストとして呼ばれたセミナーでも、推奨銘柄の話に次いで、個人投資家から聞かれる質問が「損切りについて」です。

投資家は、まずこの事実を頭に入れておくべきです。

「損切りが善で、保有は悪」ということが、いつの間にか相場の多数派意見（マジョリティー）として、すでに成立してしまっているのです。

損切りをあまりしない私は、いつでも非常識扱い（マイノリティー）です。

一方で、こうした見方もできます。

株式投資では、常に多数派が不利で、少数派が有利だと。

損切りにも複数のパターンがあっていい

もちろん、損切りは大切です。

「損切り不要論」といった、過激な意見を唱えているわけではありません。

私も10回に3回は損切りします。

感覚的には、底値を丁寧に拾う私のトレード手法では、これで十分と感じているだけなのです。

ただ、私は経営者ですので、「損切り」については、皆さんと意見というか、定義がちょっと違うかもしれません。

人を採用するのには、時間とお金がかかります。

何度も面接して、かなりの時間と苦労をかけて新卒社員を採用します。

とうぜん、ちょっとモチベーションが低かったり、仕事を覚えるのが遅かったりしても、リストラはできません。社長が人材を採用する以上、勝手に損切りなどできないのです。

では、どういうときに退社を勧告するのか。

それは、明らかに規律違反を犯したときか、あるいは当社のカルチャーに合わずに双方が苦しんでいるときです。

つまり、当初の前提条件が、完全に崩れたときとなるわけです。

この前提条件が覆るまでは中途採用では約半年、新卒採用の場合は1年以上も赤字社員であることもあります。

しかし、それによって焦ったり、気が滅入ることはありません。

人に投資して利益を生み出すというのは、そもそも最初から時間がかかることなのです。

これは、私だけが特別な感覚というわけではないと思います。

社会人として人に関わる仕事をしていれば、誰でもそう感じることではないでしょうか。

もちろん、人の教育と株式投資は違います。

ただ、シナリオの前提が覆らないかぎり耐える――それも、複眼的に見れば、あなたの行動を拡張する、1つの選択肢だということです。

戦略
6

保有――並列の組み合わせで相場を迎え撃つ

下げの対処法は、分割、損切り、保有の３つです。

「保有」が悪いと決めつけるのは、何度も言うように、あなたの行動の選択肢を狭めるだけです。

保有すべき、と言っているのではありません。

こうした「べき論」は、視野を狭めるだけだと言いたいのです。

すべての戦略を一度テーブルの上にフラットに置いて、シナリオをシミュレーションしてみることが大切なのです。

投資方法では複眼的であればあるほど、単眼的な投資家たちの隙が見えてきます。

どれか1つだけが、大事だということではありません。

すべてが並列に大切なのです。

そして、並列である以上、状況に応じて使うことが戦果を最大化する秘訣であり、そのためには組み合わせで対応すべきなのです。

図表16 下げの対処法

損切り至上主義について

一方、こうした見方を一切することなく、ほとんどの投資家が損切りばかりを口にします。なぜ、分割や保有がダメなのかと聞くと、塩漬けになるからだと答えます（あるいは、本やセミナーでそう習ったと）。

しかし、最初から時流を予測して、保有する時間を区切って塩漬けにするのであれば、むしろ損切りしか知らない投資家のほうが選択肢に乏しく、はるかに早く資金を溶かします。

加えて、**保有という戦略の打ち手があるからこそ、本来の損切りの有効性が再確認**

できる、という視点も忘れてはなりません。

ローマ軍と戦ったカルタゴのハンニバルしかり、イタリアを攻略したナポレオンのアルプス越えしかりです。

戦場では常に広い視野と、選択の拡張性を持った将軍が勝ちえます。決して、武田軍と同じ過ちを犯すべきではないのです。

ただし、保有するのであれば、１つだけ注意点があります。

保有という戦略を取る場合、実際の想定に、「時間」の要素が入っていなければなりません。

単に2割上がる、ではなく、３ヶ月以内に2割上がるという期限付きの想定です。

仮に時間の要素がないと、２割上がる、を達成するために2年以上もかかることになってしまいます。

時間の長短の解釈は、投資家の目的によってそれぞれ異なります。

仮に上昇する見込みがない、あるいは資金の回転率を意識するのであれば、損切りとなります。

戦略 7

つなぎ——リスクを抑えたカラ売りで下げ相場を取る

攻守のバランスが取れた、より機動的な戦略。それが**「つなぎ」**です。

簡単に言うと**「カラ売り」を仕掛けて保険をかける方法**です。

下げと上げは、表裏一体です。

日なたには日なたの、日陰には日陰の、生命のルールがあります。

どちらかが一方的に強くて、長く繁栄し続けるというものでもありません。

生き物にとって太陽は大切ですが、遮るものがなければ、ほとんどの生物は存続できません。

これと同じで、相場も参加している人間が欲で値段を動かしているのだから、自然のルールに従うのが良いのです。

科学で対応できるという発想こそが、そもそもおかしいのです。

つなぎの基本は下げへの保険

「つなぎ」とは下げの動きに対して、なんとか対応しようとする、あるいはその環境にうまく適合して、利益を出そうとする手法です。

それを投資技術として確立したのが、**「分割売買のつなぎ」**です。

つなぎの基本的な考え方は保険です。

１００回に1回でも外れる可能性があるなら、その1回を想定して、計画を立てなければなりません。

現にジャンボジェット機の運航では、止まるはずのないエンジンが、トラブルで止まるかもしれないことを想定して設計されています。

生活習慣病などに対する保険もそうでしょう。

このように、**起こるかもしれない下げのリスクを、カラ売りでつないでカバーする手法が「つなぎ」**となります。

もちろん、ただの保険ではなく、上手に活用すれば利益を伸ばすこともできます。

図表17 新日鐵住金(5401)

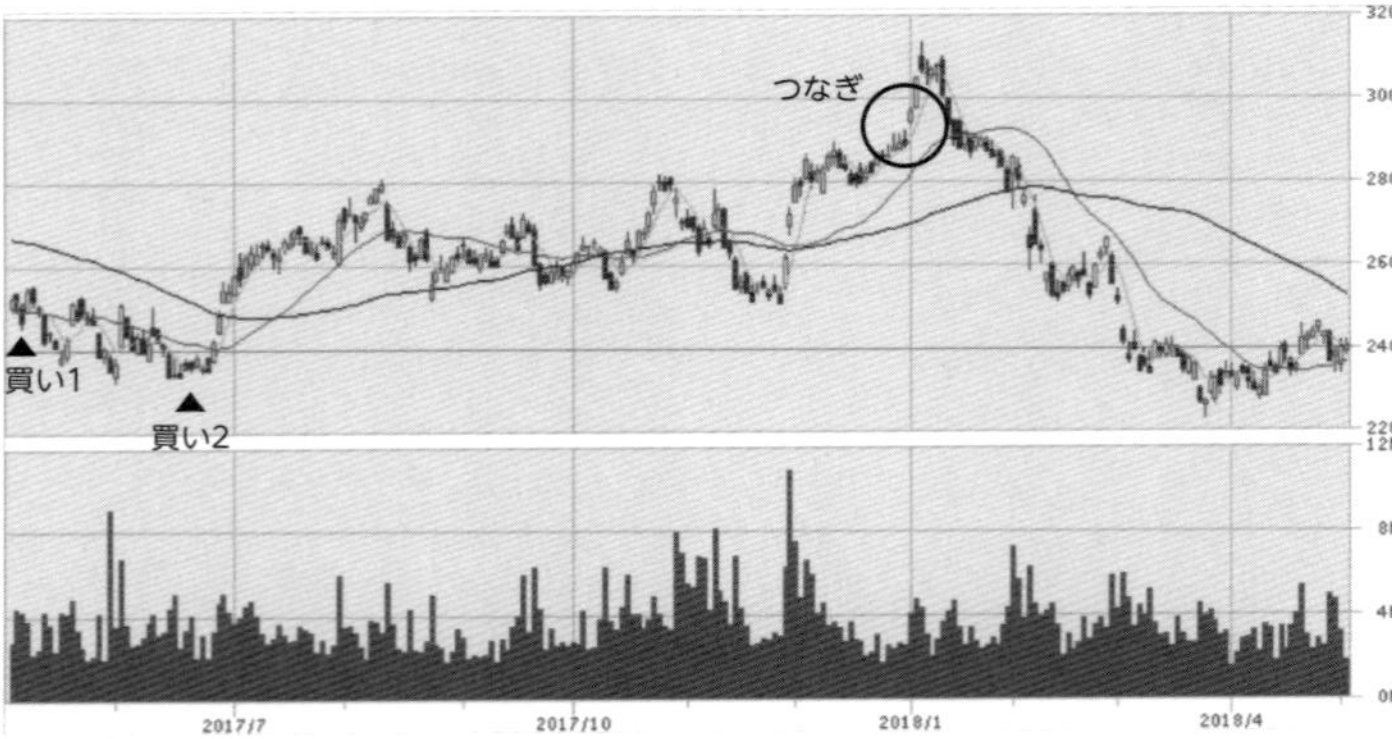

※2400円を下値に、数年かけて往来を繰り返すボックス相場にあった

上下動を繰り返す「うねりチャート」をつなぎ売買に利用する

具体的に見ていきましょう。

上のチャートは、新日鐵住金(5401)です。

新日鐵住金はある一定期間、上がっては下がってを繰り返すボックス相場にありました。

このような上値と下値の間で行ったり来たりを規則正しく繰り返すチャートを、私は「うねりチャート」と呼んでいます。

意外に感じるかもしれませんが、相場の世界ではうねりチャートはよく起こります。

実際に、10年チャートや5年チャートで

図表18 日本ケミコン(6997)

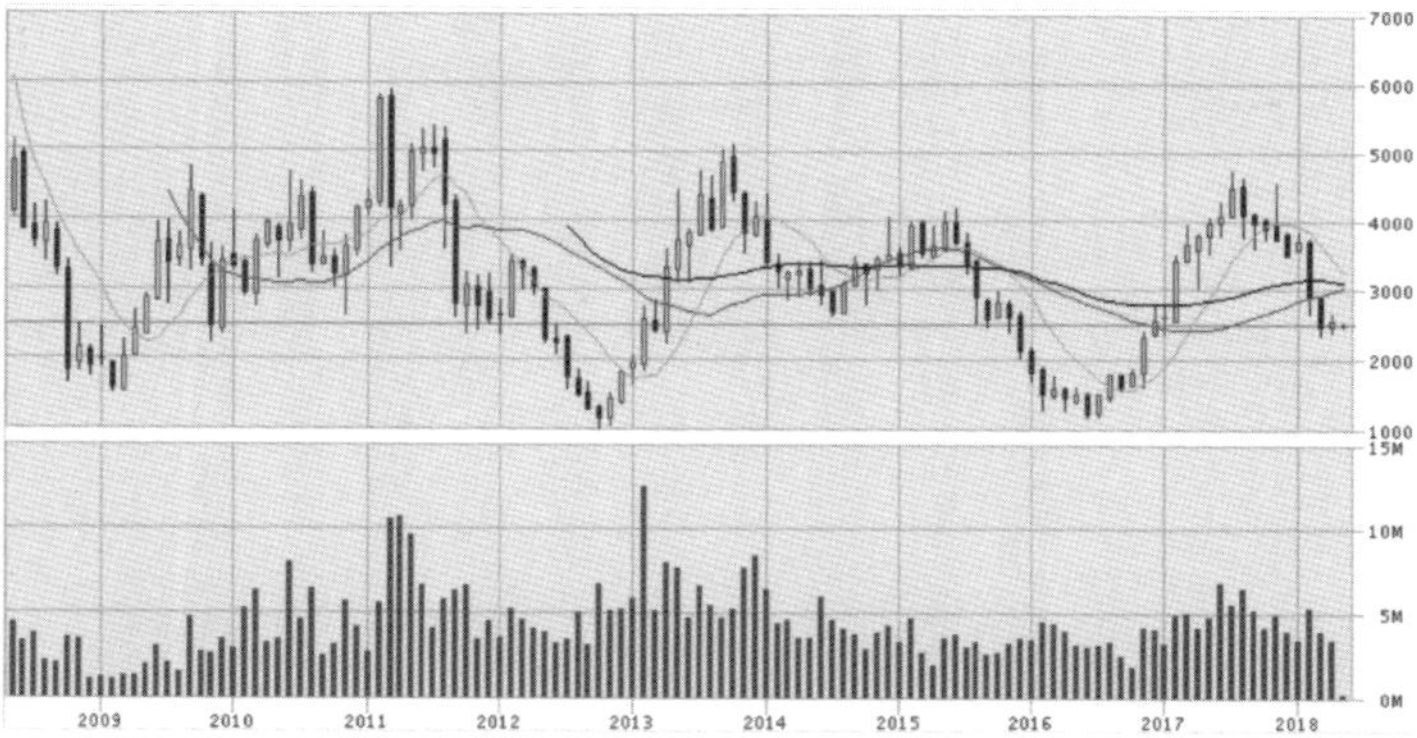

よく観察すると、かなりの割合で発生していることが分かります。

別の銘柄になりますが、図表18は日本ケミコン（６９９７）です。

いかがでしょうか。驚くほど、同じエリアを行き来していませんか。

まるで下値と上値でバトンを繋ぐ区間ランナーのようです。

黒板に貼りだして、相場を全く知らない小学生に、「どことどこで、ジグザグに動いていると思う？」と質問したら、ほぼ全員が同じ線を引くはずです。線が引けないのは、そうした動きが相場に存在していることを、固定観念によって信じることができない大人だけです。

そして、この動きを利用して、うねりの

底値を丁寧に買いで拾い、利益を稼ぐ方法が**「うねりチャート底値買い」**となります。

私はこの手法だけで1億円の利益を得ることができました。

詳しい売買の手法は、著書『うねりチャート底値買い投資術』（ダイヤモンド社）にありますので、本書では割愛しますが、この**うねりの底を分割で買う方法がもっともリスクが少なく、経験の浅い初級者・中級者が技術を習得するのに適しています。**

経験を積めば、このやり方で私のように億万長者になることも可能です。

もちろん、私の成功体験が１００％あなたに適合するという保証はありません。

ただ、**大事なのは、なるべくシンプルな方法で基本を覚えて、あなたなりのやり方にアレンジしていくこと**です。

そこから、自分なりの勝ちパターンを見つけてください。

自分なりのトレード手法を確立してください。

その結果、自立した投資家になることを目指すのです。

まとめると、うねりチャートで売買するメリットは以下の３つですです。

（1）規則性があるので、ビギナーでも「再現性」を得られやすい

図表19 うねりチャート底値買いとは

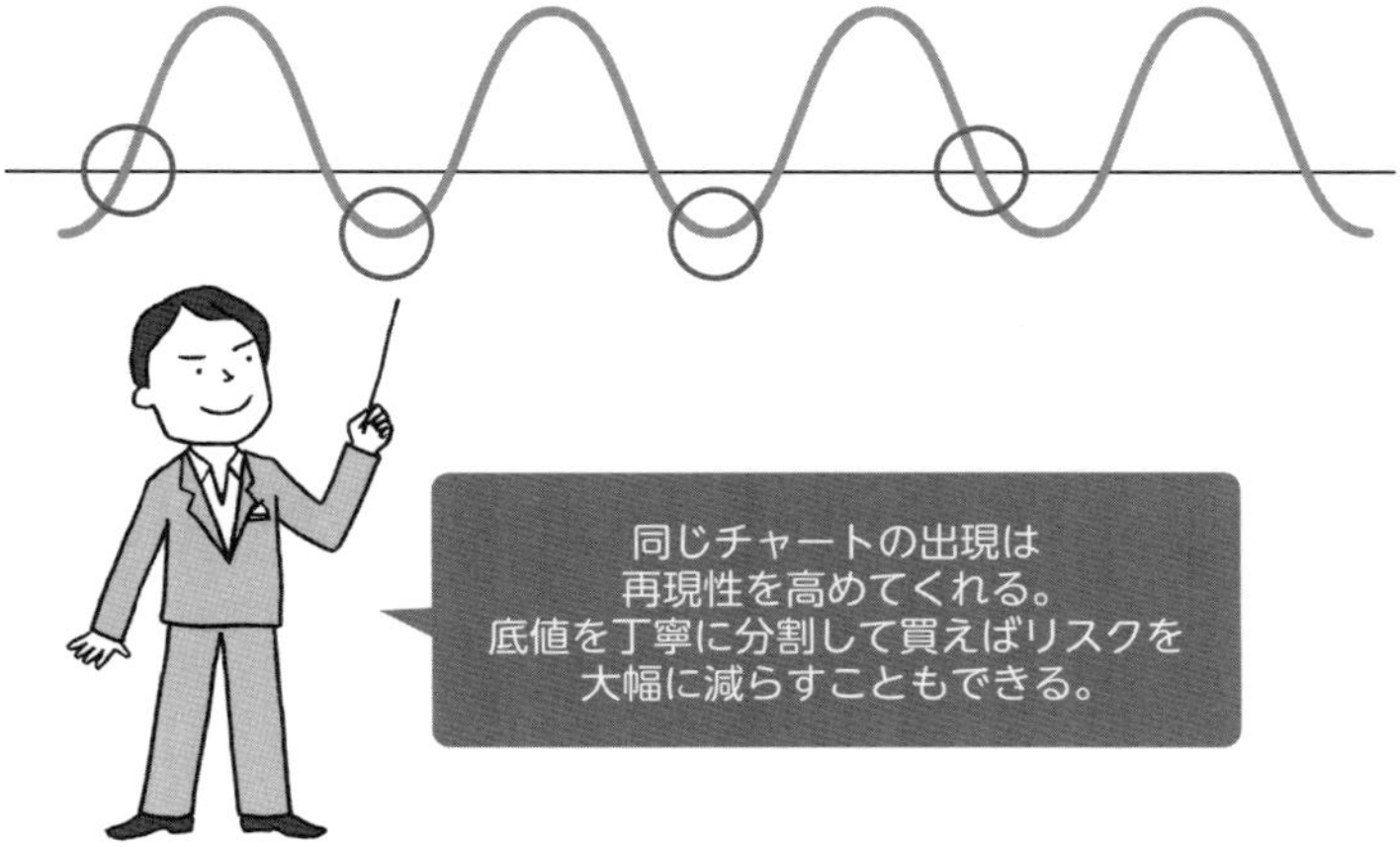
同じチャートの出現は
再現性を高めてくれる。
底値を丁寧に分割して買えばリスクを
大幅に減らすこともできる。

（2）加えて、底値を丁寧に拾うので値下がりリスクが少ない
（3）さらに底値を分割するので、リスク自体も分散できる

つなぎは心理的な負担が少ない

うねりの理解が深まったところで、ふたたび、新日鐵住金のチャートに話を戻しましょう。うねりチャートの場合、うねりの下値に近づくにつれて買いを入れます。

このとき、すでに紹介した分割で買いを入れるとリスクが分散されます。

値下がりのリスクを分散したまま、分割買いでは粘り強く、また時間を味方につけることで勝ちやすくもなります。その後、株価が上がりはじめたら、自分のタイミングで売却します。ここまでが、通常の分割売買の戦略です。

一方、このとき利益を確定せず、**うねりの下げを想定してカラ売りを仕掛けることがあります。これが「つなぎ」戦略**です。

具体的に見ていきましょう。

図表20は同じ新日鐵住金のチャートで、今度は利益確定の売りではなく、カラ売りの「つなぎ」を入れてみます。

図表20の▲のところが買い。◯の箇所がつなぎのカラ売りです。

すると、下げのトレンドでも利益が膨らんでいくことがわかります。

図表20 新日鐵住金（5401）

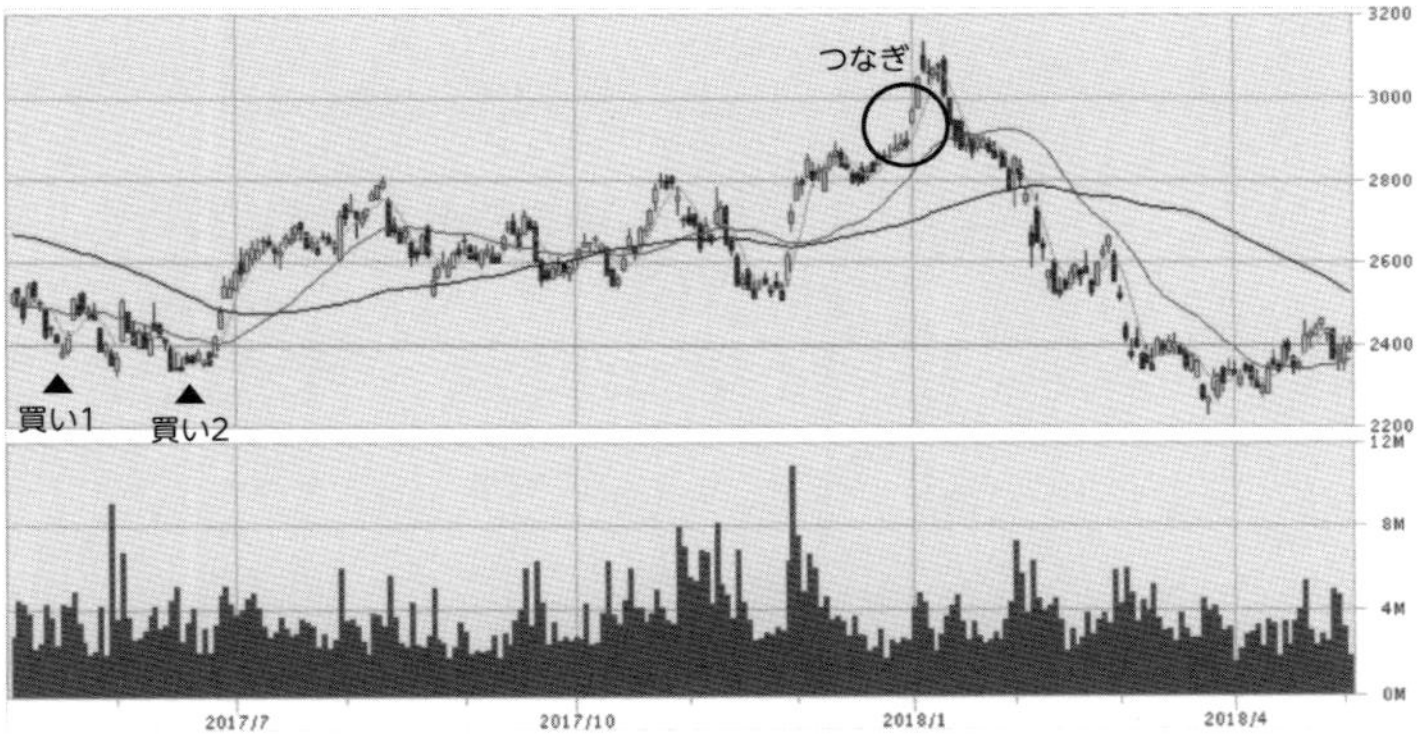

また、このように買いとカラ売りを同時に仕掛けて「つなぎ」にすることで、最悪、両建てを同時に外すこと（買いとつなぎのカラ売りを同時に手仕舞いすること）で、利益を確定させたまま保有株をゼロに戻すことができます。

つまり、つなぎを立てた時点で、そこまでの上昇分の利益は確定されているのと変わらないのです。

これにより心理的な負担はゼロ、上がるか下がるか分からないといった売買のストレスもゼロ、というわけです。

ちなみに、私の場合チャートが急伸して、将来下がる可能性があるときなどに、この戦略をおこないます。

図表21 つなぎでカラ売りを入れた場合

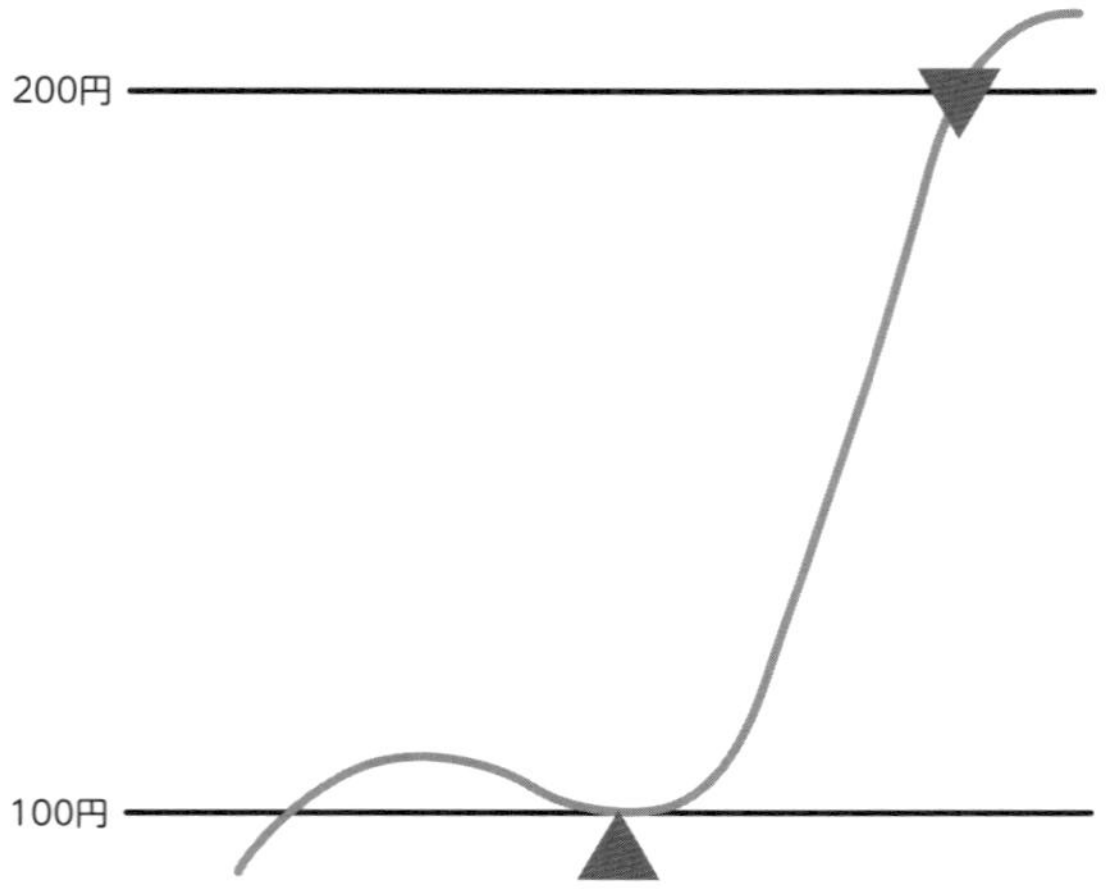
200円
100円

100円で買い、200円でつなぎのカラ売りを入れた場合、上昇分の値幅100円の利益は確定したのと変わらない。

まとめると、つなぎのメリットは次の2つがあります。

(1) 心理的な負担が少ない
(2) リスクを抑えたカラ売りで、下げ相場でも利益を出せる

初・中級者の方にもわかりやすいよう、1つずつ説明しましょう。

(1) 心理的な負担が少ない

買いだけで打ち手を操作すると、上がるにつれて、今度はいつ下がるかわからないといった心理的負担が増していきます。

同時に、儲け損なう恐怖も、大きなストレスになります。

とくに分割買いで、買いが大きく増えている場合はなおのことです。

そうしたときに、大きく上がるたびに「つなぎ（カラ売り）」をポツン、ポツンと入れておくと、心理的な負担が軽減します。

図表22のチャートは日本郵船です。

図表22 日本郵船(9101)

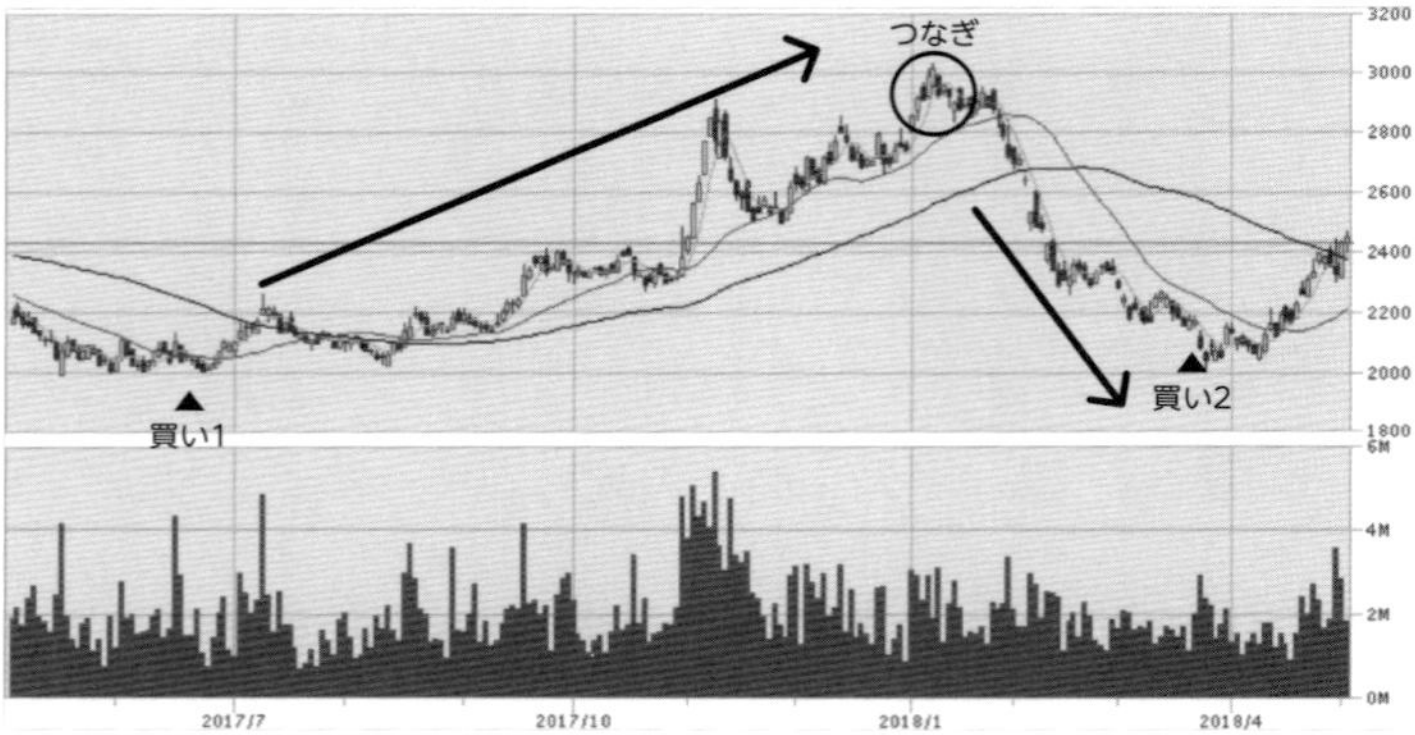

私の場合、▲買い1の2000円の底値で拾い、手玉が1つ増えていました。

その後、下がったら分割をしかけようと準備をしていましたが、株価は急伸して3000円まで到達。図表22の1年チャートでは見られませんが、日本郵船はこの先の3600円に、大きな節目がありました。

そこまでは上がると見込んで底値で仕込んでいたのですが、さすがにこの急激な伸びでは、反動も大きくなります。

うねりチャートはある程度上がったら、規則的に下がる傾向があるからです。

そこで、○印の部分でカラ売りの「つなぎ」を1つ入れて、下げへの保険をかけました。

その後、それまでの急上昇を解消するようにチャートは下がりはじめました。

そこで、２１００円になったところでカラ売りした分の株を、利益確定すると同時に買い戻しました（２つ目の▲買い２の箇所）。これで手玉は、今度は２つ（買い１と買い２）に増えました。

私は、最初から３６００円を高値の節目と予想していたので、攻めの姿勢を崩さずに、つなぎの保険で下げトレンドをしのいだのです。そして、次の上値の３６００円で２つを売却し、首尾よく利益を得たのです。

（２）リスクを抑えたカラ売りで、下げ相場でも利益を出せる

つなぎの最大のメリットは、両建てによってリスクを抑えることです。

仮に、つなぎを入れた後にチャートが下がれば、カラ売りした株を買い戻すことでその分が利益になります。

逆に下がらなくても、買いから入っていれば、つなぎを入れた値までの利益は確定した状態です。

これを**「つなぎで蓋をする」**、と私は表現します。

先ほど紹介した図表22の日本郵船でふたたび説明します。

この場合、3000円近辺でつなぎの1手を仕掛けましたが、初手で買った2000円から3000円までの1000円分の利益は、確定された状態です。

このあと、仮にチャートが下がらなければ、買いとつなぎの2つの手玉（両建て）を同時に解消することで、約1000円は確実に手にすることができます。

つなぎの私の実践方法

続いて、私の実践方法をご紹介します。

私はあまり複雑なやり方は好みません。

つなぐよりも、新しく底値に来た銘柄を拾う方が性に合っています。

そんな私の主なつなぎの戦略パターンは、およそ次の2つです。

（1）2分割であれば、半分を売って、半分をつなぐ

（2）3分割であれば、1手を売って、新たに1手のつなぎを入れる

1つずつ説明しましょう。

（1）２分割であれば、半分を売って、半分をつなぐ

上昇するチャートの節目、あるいは相場がどちらに行くかわからないときに有効なパターンです。その状態で、２分割の半分を利益確定します。そのうえで、チャートの節目や上昇に対する反動を予測して、つなぎを入れます。

この時点で、手持ちは買いが1つ、つなぎのカラ売りが1つです。

これを私は、

［1＋　－1《マイナス》］

とパソコン上のメモ機能に記録しています。

＋は買い、－はつなぎです。

これであれば、一目でプラスマイナスがゼロ。つまりイコールの状態だということがわかります。

このままであれば、上がっても下がっても、これ以上の利益の増減はありません。

もし下がれば、－1のつなぎを外して、カラ売り分を買い戻します。

つなぎのカラ売りですので、下がったところで買い戻せば、下がった分の値幅が利益となります。

そして、この時点で、ふたたび手持ちは2+となり、最初の状態に戻ります。

どこでつなぎを外して買い戻すかは、それぞれのチャートの動きによります。

うねりチャートは、とにかくジグザグに動きます。

このようにつなぎをうまく使って、リスクをゼロに保ちながら下げ相場に耐え、同時に両方向の利益を取ることができます。

なお、そのまま急伸してしまった場合には、買いとつなぎの両方を同時に外して売却します。こうすることで、つなぎで蓋をした利益分を得ることが可能です。なお、私の場合は、**つなぎ乗せ**（上昇局面でつなぎを増やすこと）は滅多におこないません。

つなぎ実践編①　三菱重工業

左ページののチャートは三菱重工業（７０１１）です。

この銘柄もうねりの代表格です。

他のうねりチャートに比べて、うねりの動きが細かいのも特徴です。

図表23 三菱重工業(7011)

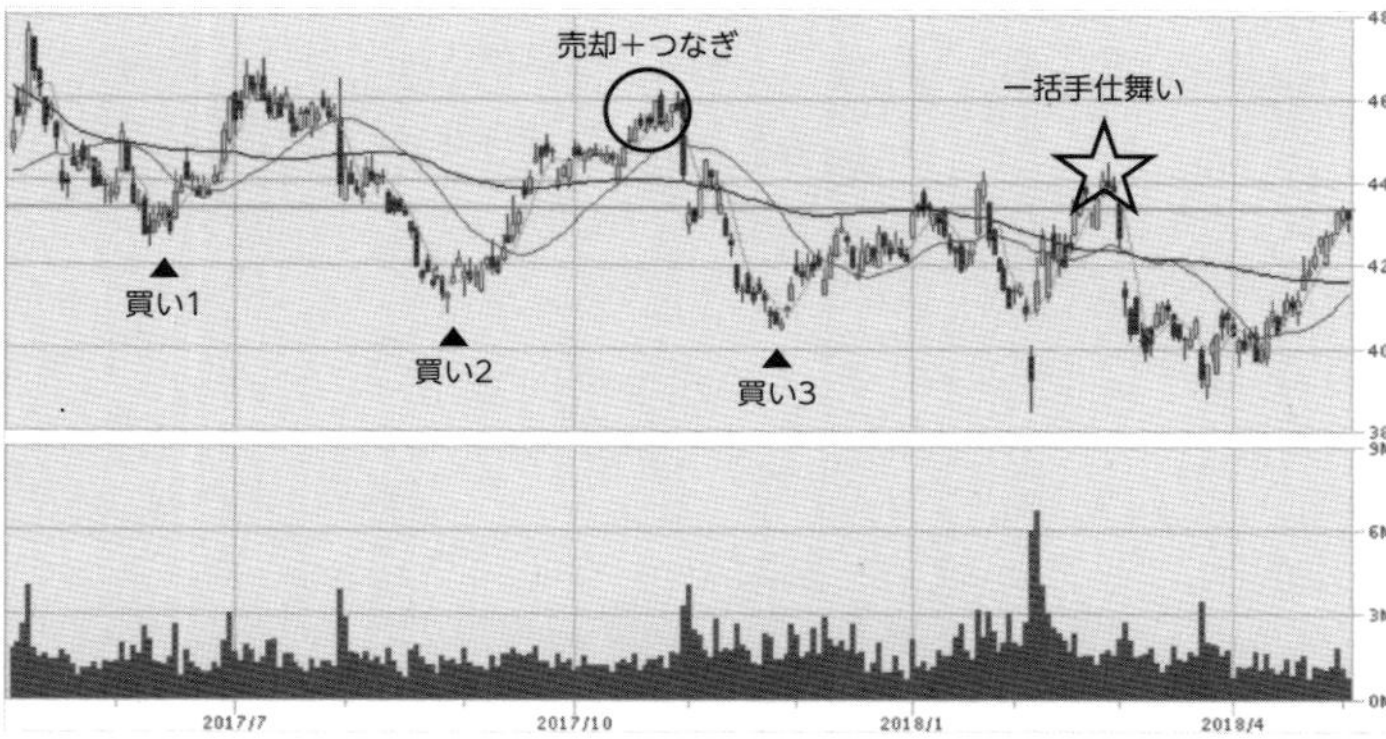

このチャートでは、私はうねりの底値を「▲買い1」「▲買い2」と2分割で買っています。

この時点で、手持ちは［2＋　－0］です（0は通常表記しません。読者にわかりやすいよう記載しています）。

そして、節目となる○印のところで、買いを1つ売って、新しくつなぎを入れます。

手持ちは［1＋　－1］と変わりました。

こうすることで、節目の到来による、①心理的な負担を少なくしながら、②下げ相場でも利益を出せる、ようになったわけです。

その後、ふたたびチャートは下がり、3つ目の「▲買い3」でつなぎ分を買い戻して利益とします。手持ちはふたたび、「2＋　－0」と元に戻ります。

その後、最終的に上値の節目に近づいた「☆」のところで、2手一括売りで処理しています。

(2) 3分割であれば、1手を売って、新たに1手のつなぎを入れる

つなぎの戦略の2つ目は、中長期的な上昇の流れを予測しつつ、6ヶ月から1年のあいだでリズム的な下げが頻出することを警戒するときに有効なパターンです。

まず大事な視点として、すでに1手を売却しているので、売り損はないということです。なかなか売り確定ができずに悩んでいる人は、思いのほか大勢います。

そうした場合、売りではなく、つなぎで手持ちを調整するという感覚を持つと、自然と利益を確定しやすくなります。

この場合、手持ちは「3＋　－0」から「2＋　－1」に変わりましたので、先ほどと違ってイコールではありません。

上昇し続ければ、同時に売却しても大きな利益が出ます。

逆に、この後にリズム的な下げが来れば、つなぎを外す、つまりは買い戻すことで下げ

幅分を利益とすることもできます。

そのうえ、手持ちは［3＋］に再度戻りますので、次の上昇局面に乗れば、さらに利益を伸ばせます。リズム的な下げの頻出を予測しているのであれば、再度、上値の節目でつなぎを入れてもよいでしょう。

つなぎ実践編② パイオニア

次ページの図表24のチャートはパイオニア（6773）です。

うねりの底値を3分割で買い、○印のところで1つを売却して利益を確定して、同時につなぎ（カラ売り）を入れています。

この時点で、手持ちは［3＋　－0］から［2＋　－1］に変わっています。

続いて、下がってきたところを、つなぎを買い戻すことで利益とします（▲買い4）。

しかし、予想に反して、チャートはふたたび急上昇。そのため、2つ目の○印の部分で、再度のつなぎを入れています。

さらに、下がったところを買い戻し（▲買い5）、次の上昇でふたたびつなぎを入れました。この場合、すでに利益は最初の往復分で1回、次の往復分で2回、最後の往復分で

図表24 パイオニア(6773)

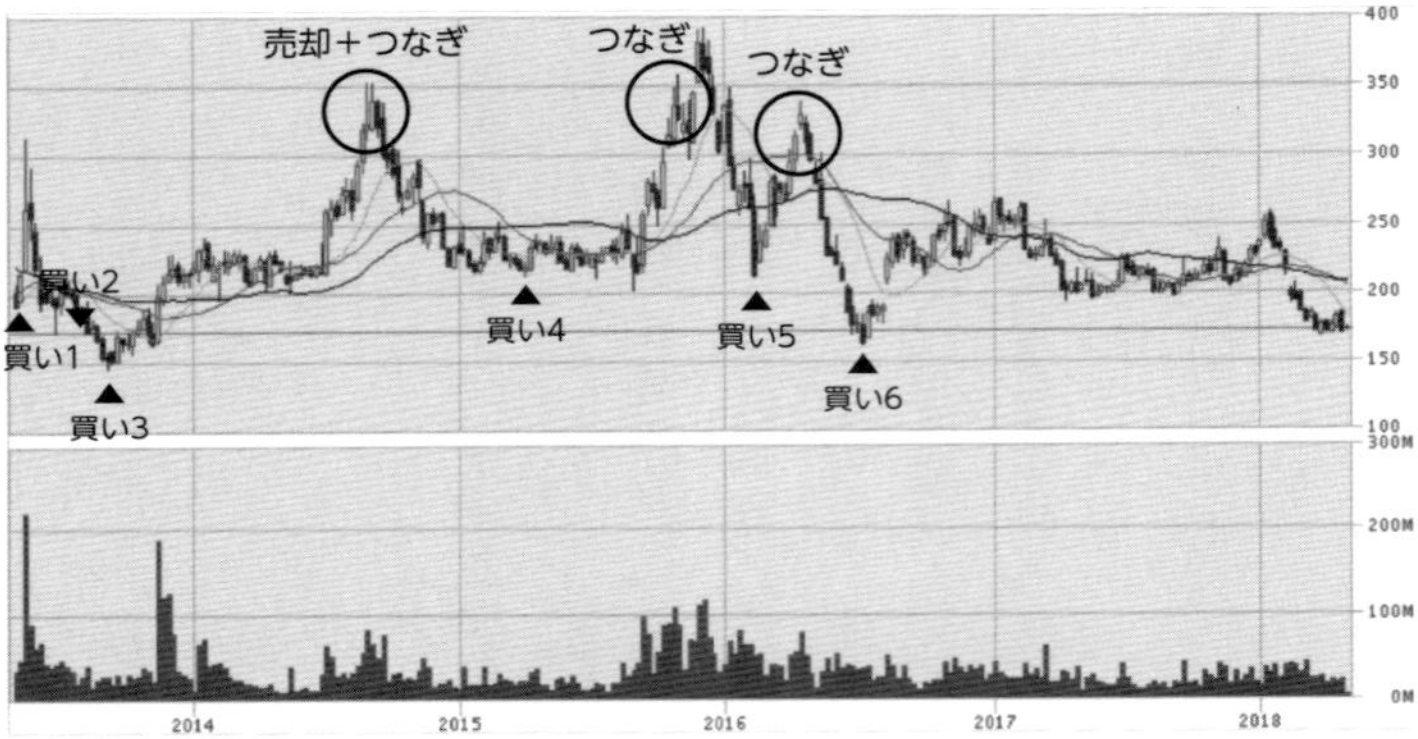

2回、合計5回の往来相場を利益にしています。買いだけの場合に比べると、心理的な負担を少なくしながら、通常は傍観するしかなかった下げトレンドも利益にすることができました。

このほかにも、つなぎには様々な組み合わせがあります。

どれが有利ということではなく、どれがあなたの性格やトレード手法に合致しているかです。また、「つなぎ」は保険だという感覚を忘れてはいけません。

つなぎを増やせば増やすほど、次に紹介する「カラ売り」に近づきます。

買いよりもつなぎが重くなれば、予想が外れた場合、上昇局面で思わぬ損失が拡大することは言うまでもありません。

戦略
8

カラ売り——機動戦略の最高峰

８つの戦略の最後は、**「カラ売り」**です。

純粋な「売り」だけで、利益を稼ぐ方法です。

株価チャートは、上がったり下がったりの上下運動を繰り返します。

この上げと下げの両局面で、機動的に稼ぐことができれば、投資機会も２倍に増えることになります。

つまり、具体的なカラ売りのメリットは、次の３つです。

（１）下げ相場でも儲けることができる
（２）投資機会が２倍に増える
（３）下げのほうが上げの２倍動きが速いため、急落をうまく捉えれば短期間で儲けられる

上げも下げも、発生率は、ほぼ同じです。

しかも、恐怖や投げ売りから、一度下げがはじまるとチャートの動きは予想以上に速いものです。

そのため、カラ売りのほうが効率的だ、という考え方をする人もいます。

一方で、狙いが外れると、損失はどんどん膨らみます。

当たるか当たらないかは別としても、下値の場合はある程度、ファンダメンタル（企業の財務状況や業績をもとに分析すること）的な数値に置き換えて予測することができます。

しかし、上値の限界がどこにあるかは、誰にも予測できません。

それこそ、一時期のＩＴ株やバイオ株のように、期待値ばかりが先行して10倍、20倍になってしまう銘柄もあります。

こうした銘柄を、もし中途半端な気持ちでカラ売りすると、追証につぐ追証となり、瞬く間に全資産を失う可能性もあります。

このように、**カラ売りの弱点とは、先読みとリスク管理の練度が必要なこと**です。

この部分をしっかりおこなわないと、かなりのハイリスクとなってしまうことになります。

ドテンは機動戦略の最高峰

買い銘柄を一度売却して、今度はその銘柄をカラ売りして下落局面を取る、というように、まるで手のひらを返すように上げ下げを取ることを「ドテン」といいます。

ドテンは機動戦略のなかでも最高峰となります。

一方で、人によってはかかるストレスも相応に高くなります。

次ページの図表25にあるように下値で買い、上値で売ってドテンして、ふたたび下値で買い戻す、というのはシミュレーション上の話です。

もちろん、実行は可能です。

利益も買いだけのときより、2倍に膨らみます。

行ったり来たりの両相場で稼いでいるのですから、当然といえば当然です。

しかし、本当に実践できるかは、あなたの腕次第です。

図表25 ドテンのチャート

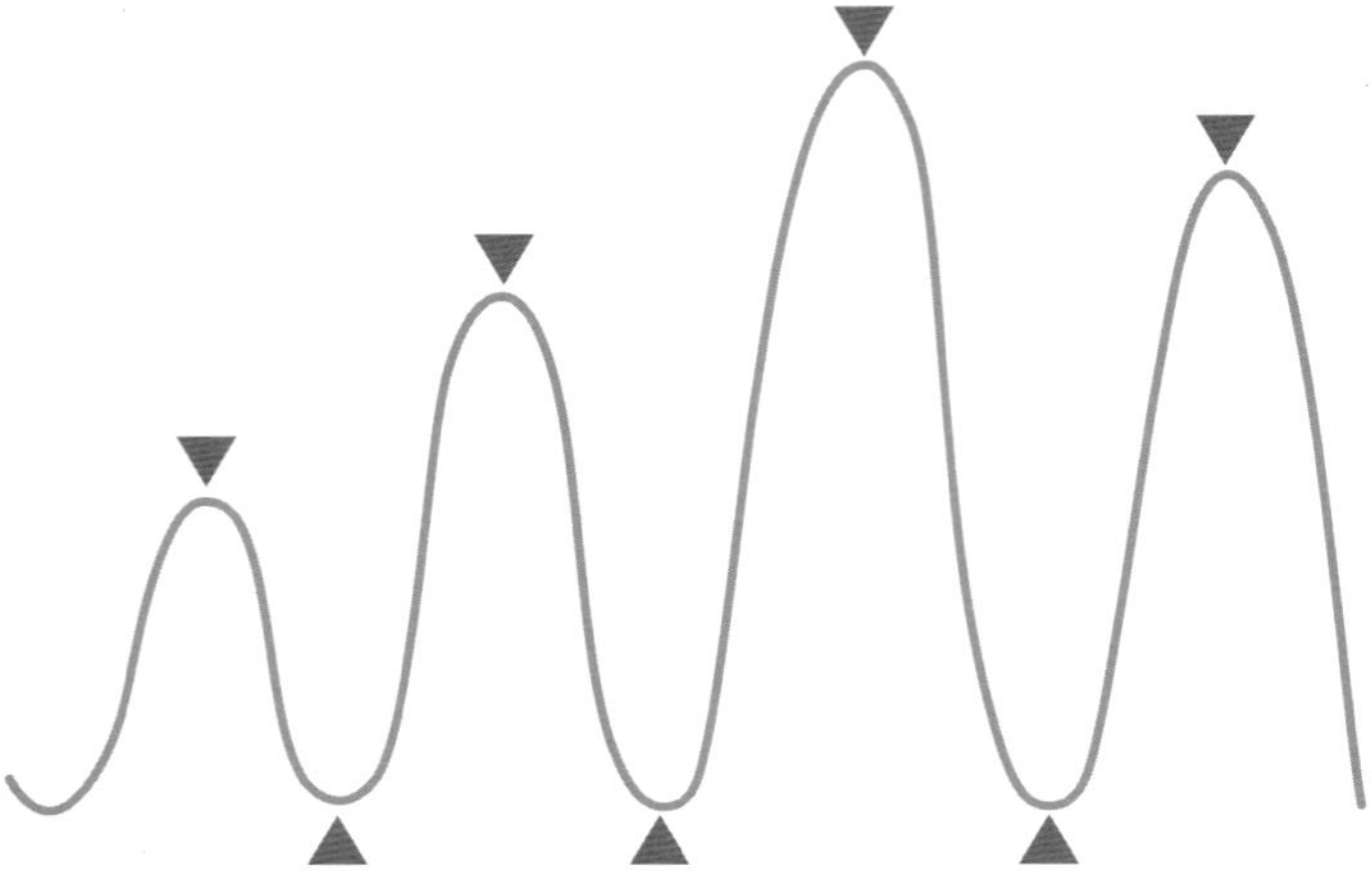

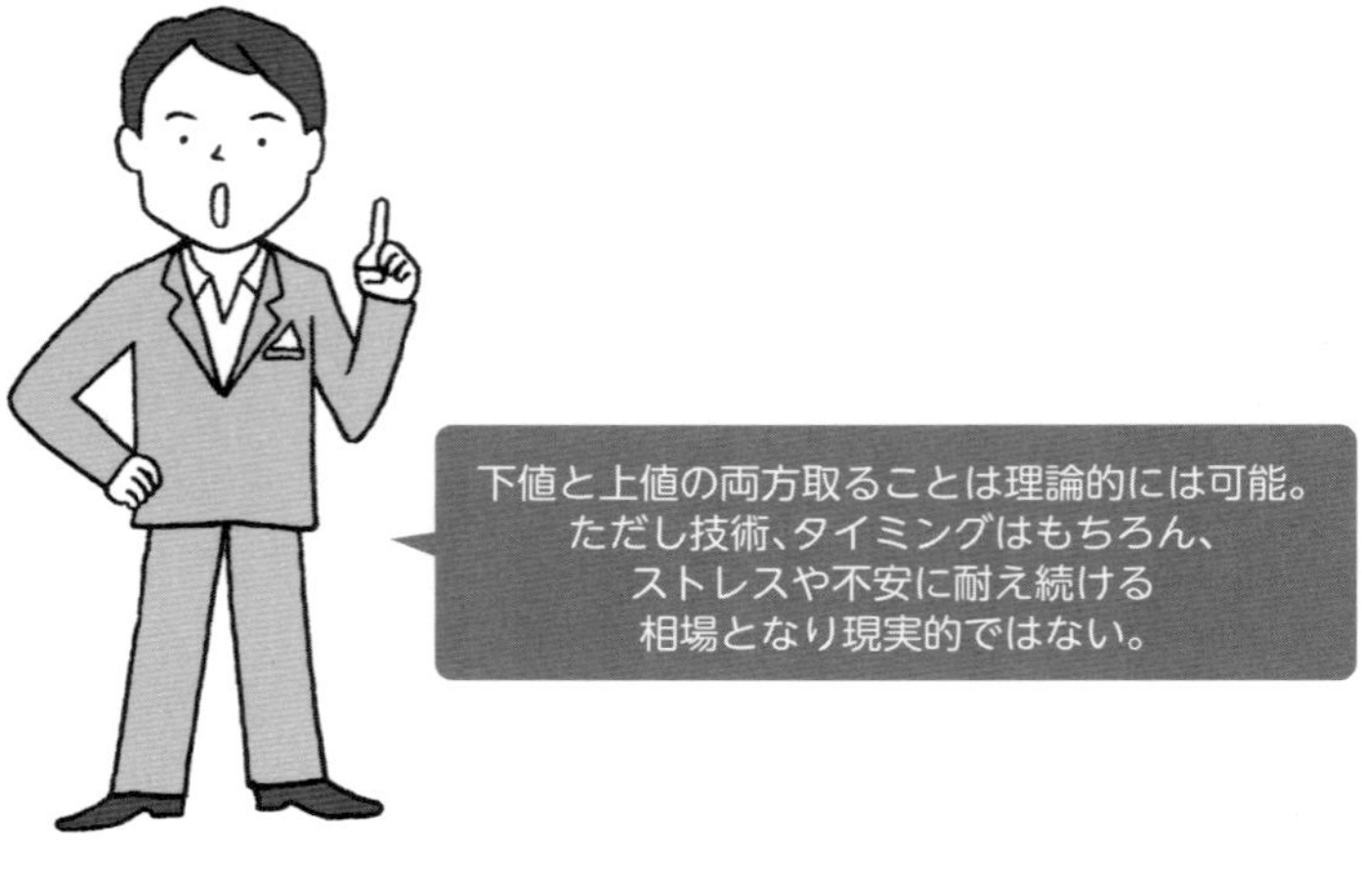
下値と上値の両方取ることは理論的には可能。
ただし技術、タイミングはもちろん、
ストレスや不安に耐え続ける
相場となり現実的ではない。

つまりは、あなたの練度、精度、確度にかかってきます。

カラ売りの私の実践方法

以上を踏まえてここからは、私のカラ売りの実践方法を紹介します。

私がカラ売りをおこなうときは、たいていの場合、先程紹介した「つなぎ」がベースとなります。

つなぎを仕掛けていると、自然と相場とタイミングが合う、あるいはチャートと呼吸が重なるような感覚になるときがあります。こうしたときに、カラ売りのドテンを仕掛けるのです。

具体的には、買いの利益確定と同時に繰り出したつなぎだけが、そのまま残る形です。これにより、今度は純粋のカラ売りとなり、下げトレンドを狙う機動的な展開となります。これが、買い外しのドテンとなるわけです。

具体的に見ていきましょう。次ページ図表26のチャートは曙ブレーキ工業（７２３８）です。私はこのとき３５０円で1手を買い、３３０円で2手目を買う、二分割売買をおこなっていました。

図表26 曙ブレーキ工業(7238)

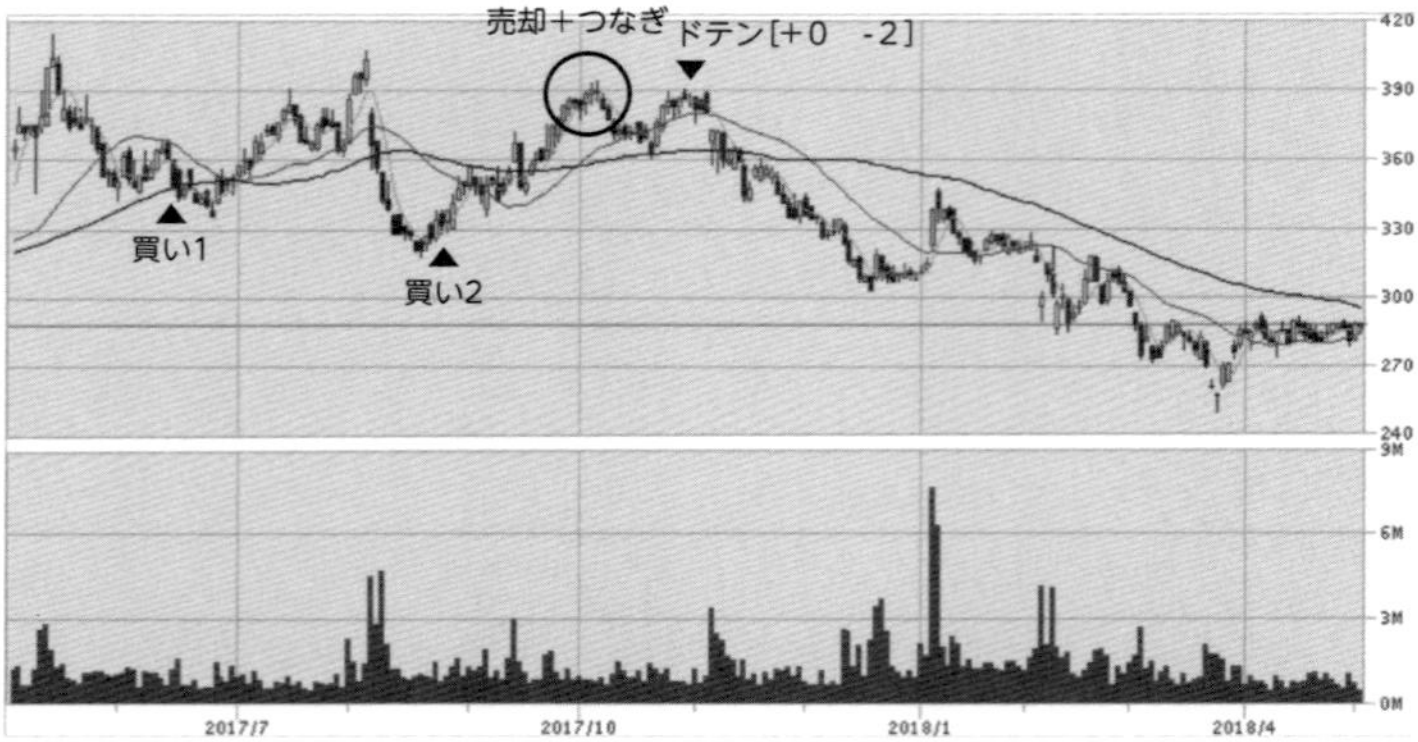

その後、390円まで上がったところで、直近の上昇を山2つ押さえ込んだ、かなり強力な上値に近づいたため、〇印の箇所で買いを1つ売って保険のつなぎを1つ入れました。

この時点で、手持ちは［＋1　－1］です。

下がれば、つなぎを外すつもりです。

しかし、チャートは下がらずに、ふたたび上昇。上値を押さえ込まれたまま山がM字に2つできたことになります。

このM字のダブルトップにより、上値の力強さを再確認。そのまま買いを外して売却し、さらにカラ売りを仕掛けました。

つまり、カラ売りだけの［＋0　－2］となったわけです。

その後、予想通りに下値に向かい、ふたたび買い戻すことにより、ドテンのカラ売りによる利益も得ることができました。

もちろん、こうしたケースは年に何度もあるわけではありません。

私のトレード手法や性格には、これぐらいの頻度が、ちょうどいいわけです。

何度も言うようですが、自分の方法や性格を無視して、本に書かれているままにトレードをおこなっても、実際には上手くいきません。

狙って「ドテン」をしても、遅かれ早かれ失敗します。

今の相場とすごく相性がよい。

そうしたタイミングだけ狙って、チャレンジするのは有効だと思います。

カラ売り専門は投資のプロ

また、こういう話をすると、米国の投資家ジョージ・ソロスや、カラ売りで大儲けした戦前の大相場師を引き合いに出す人が必ずいます。

「カラ売りは効率がよい」という誤った認識が、そうさせるのです。

しかし、カラ売り専門のかれらは、いわば投資のプロです。

プロの相場師でもないのに、最初からカラ売り専門というのは間違いです。

いまだかつて聞いたこともありません。

そして、プロというのは、何度も買いから入る基本の売買で経験を積んだ方です。

それこそ、気が遠くなるような基本の売買で経験を積んで、自分なりの売買手法に目覚めて自立していきます。

そうした過程をへて、カラ売りが方法や性格に適しているから、専門家になれるのです。

買いでも儲けられるのに、あえて他を捨てて専業になった、というプロセスを忘れないでください。


また、そうしたことを伝えないで、カラ売りを知らない投資家は素人だと言う一部の投資家も、私は無責任だと思います。

そうしたプロセスの手続きをすべて無視して、

「カラ売りは効率がよい」

「買いで入るよりたくさん儲かる」

と誤った認識をもった投資家は、いずれ失敗して資産を失います。

なにより、**純粋なカラ売りはストレスが高い**のです。

図表27 カラ売り専業までのプロセス

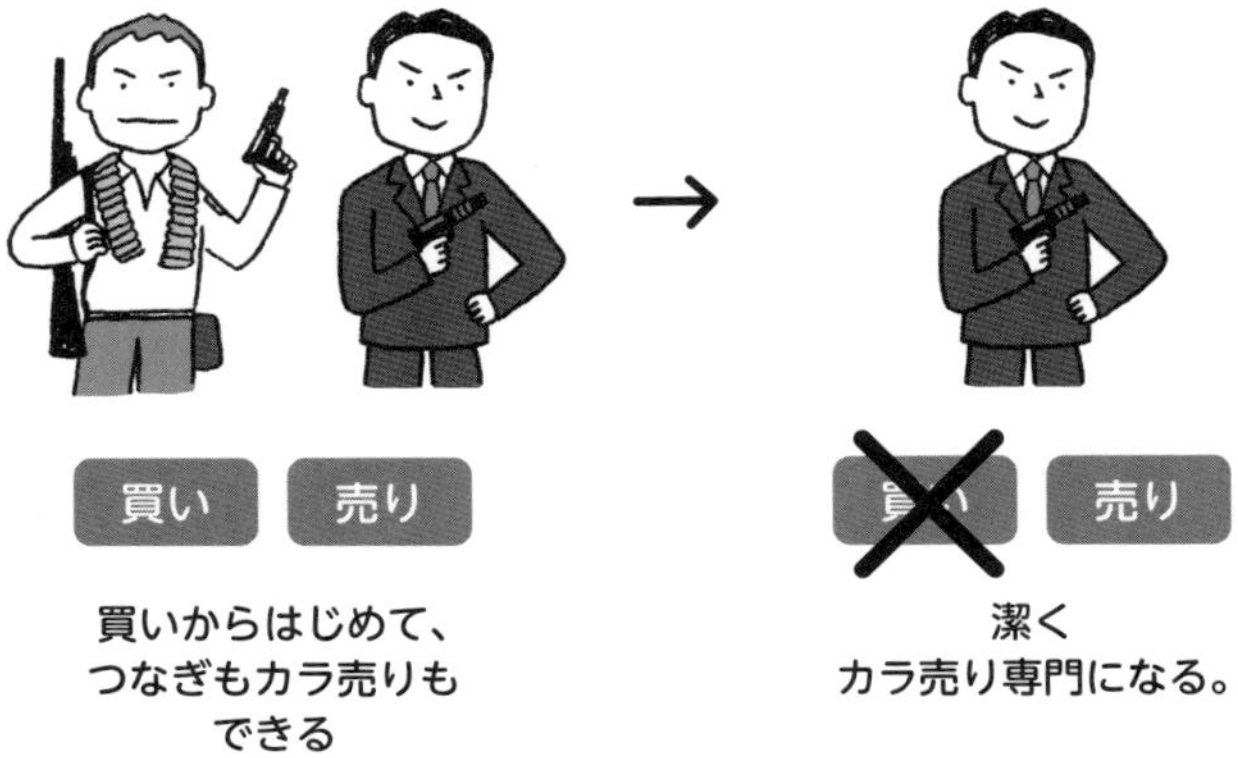
買い
売り
買いからはじめて、
つなぎもカラ売りも
できる
買い
売り
潔く
カラ売り専門になる。

相場の往来をすべて利益にしようとすれば、息をつく暇もありません。

相場を長く続けるコツは、いかに相場のストレスと向き合うかです。

大儲けを狙うより、**資金を大幅に減らすような失敗を避けて、生き延びることを優先するほうが大切**なのです。

武器は使えてはじめて「武器」となる

本書でいう戦略とは、あなたの投資家としての目標を達成するための「相場の見方」です。ここで紹介した８つの戦略は、すべて株式投資においてあなたの武器として機能します。

しかし、使い方がわからなければ、どんなに優れた戦略も意味がありません。前にも横にも走れませんし、機動性も失います。

これらの武器を機能させるためには、まず**自分で試して、失敗しながら経験を積み上げる**しかありません。

技術とは雪だるまのようなもので、はじめは頼りない小さな玉でも、その中心となる核さえでき上がってしまうと、あとは面白いように大きくなっていくものです。

常に値動きに対して、自分がどう動くか

こうした観点から、個人的には、逆指値などの自動売買もあまりお勧めはしません。技術も感覚も、身につかないからです。

良いことも悪いことも、相場を続けていると必ずあります。それらすべてを貪欲に吸収していくぐらいの気概と、相場を通じて学んでいくという姿勢が必要です。

もしあなたが経営者だったらと、置き換えてみればよくわかります。もしくは、あなたの会社の社長と比較して、考えてみてください。

責任はいつも社員にある。会社にも不在。財務も丸投げ。あげくに、クレームも幹部任せ。

じっさい二代目社長などにけっこう実在するのですが、これではリーダーとしての能力も、人間性も、社員とのコミュニケーション力も、あまつさえ他人を評価する鑑識眼さえも向上しません。

長年相場をしていて、色々とテクニックなどを覚えても、不変なことが1つだけあります。

それは、**「値動きに対して、自分がどう動くか」**です。

そのため相場は少なくとも、最初は毎日チェックしてください。

最初から他人に依存する投資家は絶対に伸びません。

正しい道筋の、正しい努力の「積」が大切です。

正しい努力の「積」は、いずれ自分に対する自信につながっていきます。

その覚悟がない人は、早々と退場させられてしまうでしょう。

あとは、あなたにとって重要なことは作った戦略をどう実行するか。

つまりは、**「戦略シナリオの実行」**です。

利益とは、あなたがどう動いたかの結果でしかないからです。


とくに、危機的な状況では、決断までに時間や余裕がないことがほとんどです。

そのために、あらかじめ戦い方を準備しておくことが大切です。

このあとの第6章と第7章では、いよいよ、そのための実践的な「やり方」を学んでいきます。

第6章

神速株投資術では信用取引をこう使う

1

1億円達成した投資家はどのように信用取引を活用したのか

ここでは、信用取引についてお話しします。

投資家の方からよく聞かれる質問に、

「信用取引はしたほうがいいか」というものが増えてきました。

実際、読者の皆さんも、具体的な活用方法が見つからずにいるのではないでしょうか。

たしかに、まだ資金力の少ない投資家にとって、信用取引は大きな武器となります。

一方で、巷にある株式投資の本には、参考となる運用方法はありません。

あっても、「信用取引のはじめ方」や「信用取引のリスク」などの解説ばかりです。

じっさい、私もまだ皆さんと同じく、スタートダッシュを決められていない投資家だった頃は、「そこじゃないんだよ」と歯がゆく思ったものでした。

そんな基本的なことは、証券会社のホームページを見れば詳しく書いてある、と何度もフラストレーションが溜まったことを覚えています。

むしろ、あなたが本当に知りたいのは、「１億円までに、信用取引はどれぐらい必要なのか」であったり、「信用取引を８つの戦略に組み込んで、どう戦っていけばいいのか」のはずです。

まとめると、実践に目覚めた投資家が知りたい「信用取引」については、次の４つになるでしょうか。

（１）信用取引をおこなうべきか
（２）リスクに対する防衛策はあるのか
（３）ステージごとに組み込み方は違うのか
（４）１億円達成した投資家は、どのように信用取引を活用したのか

2

信用取引に必要なのはストレス耐性

なお、あらかじめ断っておきますが、**信用取引はハイリスク・ハイリターンの投資手法**です。活用する場合は、その点を理解して自己責任の範囲でおこなってください。

本書で紹介する手法は、あくまで筆者自身の体験を、できるだけリアルに読み手に伝えています。そのぶん、参考になる部分も多いと思います。

一方で、あなたの資金力や、ストレスに対して強いか弱いかなどを考慮しているわけではありません。

とくに、信用取引をおこなう場合、このストレス耐性がとても重要になるのです。

私の場合、経営者なので、人よりストレス耐性が高いと思います。

逆に、買った銘柄が値下がりし続けると気になって仕事が手につかない、あるいは夜も眠れない、という人がいます。

こうした人はストレスへの耐性が弱いので、正直、信用取引はあまりお勧めできません。

このあと詳しく紹介しますが、最終的には、**「目標」「資金管理」「戦略」「あなたのスト**

図表28 信用取引口座をつくる4つの判断基準

目標

あなたが到達したい
目標金額が期限付きか。
また、現物取引だけでは
難しいものか。

資金管理

暴落に備えた
予備の資金があり、
信用で全力買いをしないなど
資金管理が十分できるか。

戦略

8つの戦略を十分理解したうえで、
信用取引で
機動性を高めたいと
本気で考えているか。

あなたのストレス耐性

相場が下落するたびに不安で
仕事が手につかない、
夜眠れないなどの経験はないか。
極度の不安や緊張に耐えられるか。

レス耐性」の4つを総合的に判断して、信用取引をするかしないかを決めてください。

また、信用取引口座の開設方法や、基本的な仕組みなどといったことは、あなたが普段使っている証券会社のホームページを見れば、手順と一緒に詳しく解説されています。

そのため、ここではあえて割愛しています。

もし証券会社のホームページを見ても、その仕組みがわからないのであれば、「あなたには信用取引は早い」という、1つの判断基準にもなります。

マニュアル通りに信用取引口座をはじめても、資産を失うだけです。

そうした場合は慌てずに、8つの戦略を活用した現物取引で、まずは株式投資の基本をマスターするところからはじめてください。

3 信用取引は目的に応じて使うもの

「信用取引をはじめたほうがよいと思いますか?」

セミナーなどでこのような質問をされた際、私はいつもこう答えるようにしています。

「あなたが最初に決めた、株式投資の目的に従って使ってください」

もしあなたが、最速で目標金額までの資産を形成したいのであれば、使うべきだということです。ただし、そのための準備と覚悟があれば、です。

正直、1億円の資産形成を目指す人が、元手100万前後しかないのなら、信用取引をしないと到達はかなり難しいです。

「元手○○万からスタートして1億円達成」といった本は、すべてとまでは言いませんが、ほぼ信用取引を投資戦略に取り入れています。

逆に、株式投資の目的が優待だったり、ちょっとしたおこづかい稼ぎの投資家には、信用取引は勧めません。目指すべき目的や投資に対する覚悟が、そもそも全然違うからです。

本音や建て前の問題ではありません。

「経済の勉強のためにに投資をやっています」と話したり、「負けたのは全部新聞のせいだ」と甘い考えを口にしたことがあるならば、まだ信用取引をおこなうべきステージに立っていません。やらないほうが無難でしょう。

こうしたことは、正直嫌われるので、あなたに真剣に話してくれる人はいません。誰だって、他人に嫌われてまで正論を言いたがりません。

だから、私がかわりに言っているのです。あなたが資産を失い、家族を悲しませるぐらいなら、私は自分が嫌われることを選びます。

信用取引が必要な投資家と、必要ない投資家

では、信用取引が必要ない投資家とは、具体的にどういったタイプでしょう。

まず、自分が決めた目標の達成時期を、気にしていない人です。

退職金などのまとまった軍資金がある人で、資産1億円を目指すのであれば、信用取引はそれほど必要ないケースもほとんどです。

資産2倍ルールを思い出してください。3000万を2倍にすれば、6000万になります。その6000万を2倍にすれば1億2000万です。

それを可能とする「考え方」や「見方」は、すでに本書でお伝えしています。

反対に、信用取引が必要となるのは、どういった投資家でしょうか。

まず、「目標金額を5年以内に達成する」などと期限を設けた人です。

あるいは、つなぎやカラ売りなどの機動戦略を株式投資に取り入れたい人。

数年に一度のペースで起こる暴落や、循環相場の大底値圏で、信用取引を戦略的にフル活用したいと望む投資家もそれに当たります。

暴落時だけ狙って、リスクを抑えながら信用取引で資産にレバレッジをかければ、資産形成のスピードが驚くほど増すためです。

これらをまとめると、信用取引を戦略的に取り入れるべき投資家が見えてきます。

信用取引が効果的な投資家

(1) 達成期限をコミットした投資家
(2) 「つなぎ」「カラ売り」などの戦略をおこなう投資家
(3) 暴落時にレバレッジをかけたい投資家

図表29 信用取引に向いているタイプ、向いていないタイプ

信用取引を取り入れても問題ないタイプ

- 少ない元本から スタートダッシュする人
- 大きな資産形成を目指す人
- リスクを受け止める覚悟がある人
- 自己責任で投資をおこなえる人

信用取引に向いていないタイプ

- 株式投資に本気でない人
- 失敗から学ばない人
- 成長の遅い人
- 自分の負けを 他の責任に置き換える人
- 性格的に熱くなりやすい人
- ギャンブル依存症の人

4 信用取引で破産しかかった私の体験

信用取引は好きか嫌いかでなく、株式投資の目的や目標があれば、戦略としておのずと決まるものです。

さて、最後に私の場合は、どのように信用取引を活用したのか。

1億円までのプロセスに事例をまじえながら、神速株投資術の信用取引の活用法についてお伝えします。

私の場合、株式投資をはじめて資産1億を超えるまでは、信用取引を積極的に活用してきました。経験の浅い、なんとか相場で生き残っているような投資家のときからです。

株をはじめた最初の頃は、追証を受けたこともあります。

その頃は株をはじめたばかりで、大きな失敗などの経験もなく、株式投資の怖さも十分に認識していませんでした。偉そうなことを言っていますが、当時の私もまだ「退場する投資家」の予備軍だったわけです。

今では信じられないような話ですが、最終的には保証率も30%を割り込んでしまい、追加の保証金をつぎ込んだこともあります。

しかも、それでも足りず、当時付き合っていた彼女に頭を下げて、お金を借りました。自分の彼女にお金を工面してもらうなど、後にも先にも、この一度きりです。

他人からお金を借りて、なんとか保証率を維持しているギリギリの状態だったわけです。ちょうど、今から14年前。私が29歳の頃の話です。

今考えても、本当にいつ相場から退場させられてもおかしくない、相場を甘く見た、おろかな投資家だったと思います。

ただ運だけは良く、その後は小泉政権の支持率が上がり、日経平均も急回復してくれました。

逆に、もし、あのとき日経平均が８０００円を割り込んでいたら、投入した資金でも足りず、強制ロスカットになっていました。

もちろん、こうして株式投資の本を得意げに執筆していることもなかったでしょう。

今振り返って考えても、本当に背筋が寒くなります。

もちろん、そのときの実体験があるからこそ、今わかることもあります。スタートダッシュの大切さも、数々の失敗が教えてくれたことです。株式投資は最初のスタートがいかに大切かということも、今だから理解できることなのです。

5

私の信用取引のステージ別実践方法

それらの反省を踏まえつつ、もし私があなたに活用方法をアドバイスするのであれば、自己責任を前提にこのような内容になります。

以下は、私の具体的な実践方法を、すべてそのまま紹介したものです。

軍資金となる種銭が、当時の私のように200万円以下と少なく、かつ、大きな資産形成を目指すのであれば、信用枠の1／3までを上限に信用を利用します。

信用取引の信用枠は、自己資金の約3倍まで認められます。

元金300万を証券会社に預けていれば、信用取引額は3倍の900万です。

実際には、購入した保有銘柄も、ある一定の基準をクリアすれば担保銘柄として加わります。これを、**「代用有価証券制度」**と言います。

証券会社によって基準は異なります。

私がよく利用する楽天証券では、このように説明されていました。非常にわかりやすい説明なので、そのまま転載いたします。


委託保証金は現金のほか、保有している現物株式などを時価評価し、保証金として差し入れることができます。これを「代用有価証券」とよびます。

代用有価証券を利用する場合、前日の終値の80%※相当額を保証金とみなして計算いたします。

楽天証券ホームページ

これによると、保有株価の80%が担保に加わります。

ただ、たいていの投資家が追証を食らうような暴落時には、保有銘柄は一斉に値下がりします。

投資家が暴落時に、立て続けに追証を食らって強制ロスカットで資産を失う理由は、実はこの保有銘柄の急激な値下がりにあるのです。

代用有価証券として担保にした銘柄の株価は、本当に必要なときに、あまり頼りにならないと覚えておいてください。

※各証券会社、各金融商品により異なります。掛け目はあらかじめ決められていますので、各証券会社のホームページ等をご確認ください。

図表30 私の信用取引のやり方

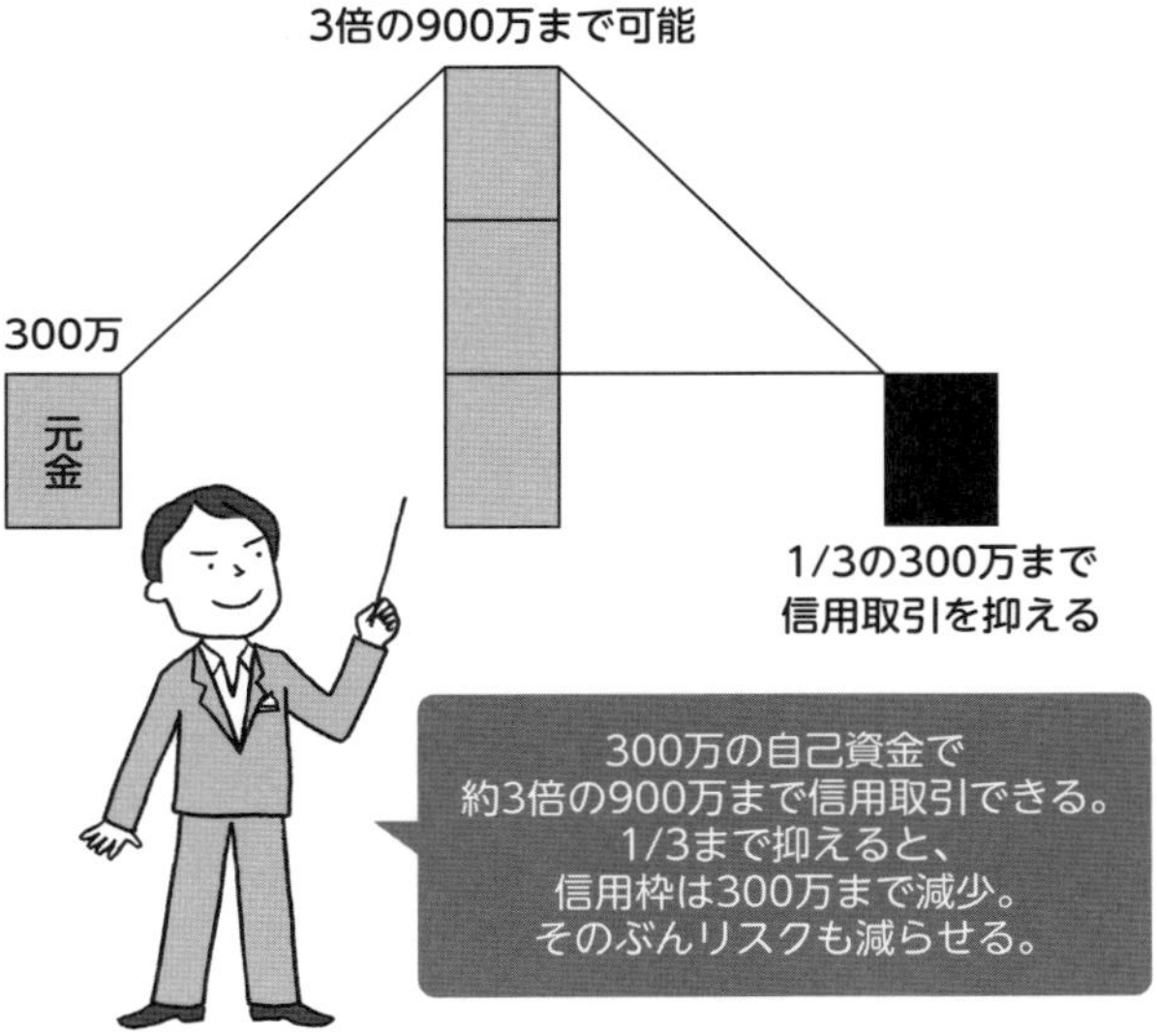
3倍の900万まで可能
300万
元金
1/3の300万まで
信用取引を抑える
300万の自己資金で
約3倍の900万まで信用取引できる。
1/3まで抑えると、
信用枠は300万まで減少。
そのぶんリスクも減らせる。

これを防ぐためには、証券会社に入れたあなたの自己資金だけで、信用枠の上限を考えます。

あえて１／３としますので、総資金が３００万であれば、信用枠は９００万ではなく３００万が上限です。それでも３〜４つの銘柄を、それぞれ最大３分割で分割売買できます。

6

基本はうねりの分割売買でいい

私の場合、基本はリスク管理をしっかりおこないながら、うねりの大底を信用取引で拾います。

うねりの底を丁寧に、分割で拾っていく手法です。

このように、信用取引を活用する以上は、銘柄選びも慎重におこない、運用面でも安全性を優先したほうがいいでしょう。

あるいは、数年に一度か二度必ずある暴落だけに絞って、信用取引枠で丁寧に新安値を拾う手法もあります。

相場の潮目が変わる循環のような大きな暴落時に、信用取引で攻勢に転じます。信用取引で買い出動を増やして、暴落を迎え撃つわけです。

少ない元手で大きく資産を築くのが、あなたの「目的」であれば、勝負どころでは勝負しなければなりません。

相場の流れが変わるような数年に一度の暴落では、**三段下げが原則**です。

過去の暴落は、ほとんどがそうなっています。

ぜひ、自分の目で調べて、確かめてみてください。

こうしたとき、自分でわざわざ調べてみるほうが感覚を掴めます。

潮目が変わった場合は、少し上げて、一度大きく上がり、ふたたび下がってを繰り返します。

その大きくカーブを描く下りエスカレーターの波が３つ。その三番目の底をうまく見極めて、出動機会を増やします。

当然、分割売買でリスク管理につとめます。

7

セリング・クライマックスの原因も信用取引にあった

なお、サブプライムなどの大暴落では、三段下げ以上になることがあります。

とくに最後の下げは激しく、奈落の底に落ちるように急落下します。

これは「セリング・クライマックス」とも呼ばれ、暴落の最後に起こる現象です。

相場全体が阿鼻叫喚に包まれている、と言ってもいいでしょう。

海外ファンドの撤退、政府の方針転換、銀行勢の狼狽売り。

さらに、耐えられなくなった投資家のロスカットなどが、その理由として挙げられます。

加えて、信用取引をしている投資家が、追証によって次々と退場させられているのもこの時期です。


保証金不足の追証が発生すると、それぞれ決められた期間内に、追加の担保を証券会社に預けなくてはなりません。

それができないと、数日内に保証金維持率が回復するまで、自動的に強制ロスカットされてしまいます。

それを防ぐためにも、最初に話したとおり、信用取引は元本の１／３に留めるべきなのです。

なお、私の場合は相場がセリング・クライマックスになると、むしろ現実株と信用株の両方で勝負に出ます。

期限内の目標達成のために、あえて勝負どころで勝負をしていたわけです。

当然、リスクは大きく高まることになります。

このように、信用取引はその機動性を高めることで、小さな元手で大きなリターンを手にできます。

ただし、管理を怠ると、一瞬の気の緩みが命取りになるハイリスク・ハイリターンの世界であることは、どうか忘れないでください。

8

ミドルリスクの信用取引とは

続いて、元手が2000万円以上ある方、あるいはリスクを取らずに信用取引を活用したい投資家向けの方法をご紹介します。

資産を守りながら信用取引を組み入れて、機動性を高めた運用をしたいのであれば、チャートの底にある銘柄に絞って、信用買いを仕掛けます。

または、技術に自信がある方は、信用取引の「つなぎ」や「カラ売り」を活用して、機動性を高めてもいいでしょう。

すでに資産が目標に達しているのであれば、大きなリスクは必要ありません。

この場合は、大きく勝負に出るのは、相場の小暴落時です。あるいは、数年に一度の暴落時に活用するのが良いでしょう。

そうすることで、ミドルリスク・ミドルリターンで信用取引を活用できます。

9

目標達成後の信用取引とは

資産が目標額を超えたのであれば、今度は資産防衛を優先してください。

ずっと前線で戦っていては、いつか大負けすることがあるかもしれません。

野心や欲望は、ときに油断にもつながります。

資産とは、**貯める、攻める、増やす**、の3つだけではありません。

守る、分ける、継承する、の3つも大切です。

本当の資産家や投資家は、この6つのサイクルを順に、バランス良く形成していくものなのです。

あなたが「守る」や「分ける」のサイクルに入ったならば、やることはただ1つです。

資産防衛を優先して、無理にリスクを負うことはしません。

基本は、現物買いに徹底します。

証券会社の口座を増やして、それぞれに2000万～3000万ずつ入れておけば、わざわざ信用取引をおこなって金利を払い続けなくても、現物買いだけで同一銘柄の分割買いができます。

信用取引の金利手数料は、意外とばかにできません。

大きいときで、私の場合は年50万円以上の金利を支払っています。証券会社がキャンペーンなどであなたに信用取引を勧めるのは、それだけ手数料に魅力があるからです。

さらに証券口座を分けるメリットは、それだけではありません。

主力となる証券会社と、それ以外の口座とを分けておくと、心理的に一呼吸を置くことができます。

買いのタイミングを、意図的にずらすことができるのです。

20代から株をはじめて株式投資歴が15年以上になった私でも、つい予定以上に買い込んだり、気ばかり焦って自分の相場感覚を見失うことがあります。

これがもし、1つの証券会社で1億円以上を動かしていたら、感情の動きを抑制することは、もっと大変だったと思います。

人の欲望とは、それほどコントロールすることが難しいのです。

証券口座で株式売買をしている限り、大きな現金を動かしているという感覚が、どうしても鈍くなってしまうからです。

図表31 目標達成後の6つのサイクル

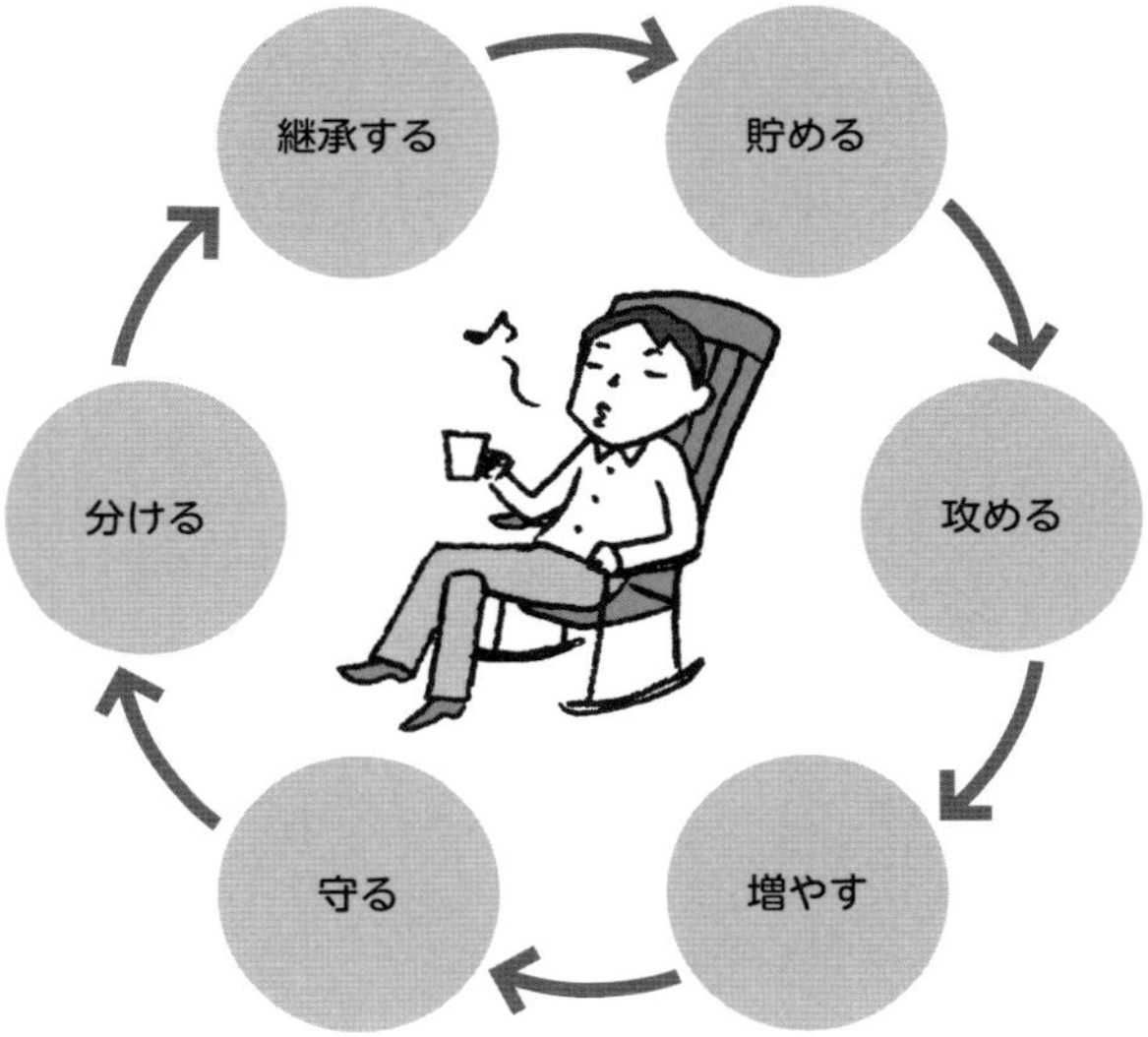

デジタル数字の増減ばかりを目で追っていると、感覚がマヒして、余計な行動を誘引しがちです。

一瞬の油断が、取り返しのつかない負けにつながってしまうこともあるのです。

10 私が信用取引を4つの証券会社に分けておこなう理由

とくに、**株式投資は心理戦**です。

相手の心理を見抜くと同時に、自分の心理もコントロールしなければなりません。

私は経営者なので、そうした場合、どうしても仕組みづくりに目が行ってしまいます。

つまり、証券会社を分けることで自動的にコントロールしているわけです。

普段から主戦場となる証券会社を１つ決めておけば、別働隊――つまりは別の証券会社を動かしたり、虎の子の軍資金を増援隊として送りだすのに、一手間かかります。

面倒ですが、その間に一呼吸おくこともできます。

つまり、それだけ冷静になれる機会が増えるわけです。

ちなみに、私の場合は１６６ページでも述べたように４つの証券会社を活用しています。

資金力も目標金額もまちまちな読者の参考になるかはわかりませんが、ここに紹介しておきます。

私がもっとも愛用して、主力口座にしているのは**楽天証券**です。ネット企業だけあり、画面の見やすさ、操作のしやすさは群を抜いています。

次に使うのは、**むさし証券**です。トレジャーネットの愛称で知られています。

意外と思う方も多いでしょうが、実はむさし証券は信用取引の手数料が、非常に安いのです。そのため、分割する場合は、この証券会社から始めることも多くなります。ただし、その分、画面表示は見づらく、いまだに使いづらい部分が多々あります。

そのほかは、使う順に**ライブスター証券**、**SBI証券**です。

平時にアクティブに動いているのは、そのうちの上位の楽天証券とむさし証券の2口座となります。

残りの2つは戦時用です。うち1つにいたっては、この4年ほど、まったく口座を動かしておりません。

この口座の主戦場が「まさか」だからです。

誰もが恐怖に追い立てられ、保有銘柄を投げて相場を諦めたとき、はじめて動き出す口座となります。

私の感覚的には、このように**平時と戦時を戦略的に分けられるようになると、戦いはむしろあなたに有利になり、どのような局面でも負けにくくなります。**

時間も、タイミングも、すべてがあなたに味方します。

そして、このステージまで来ると、私の経験ではローリスク・ローリターンどころか、むしろローリスク・ハイリターンと、真逆になります。

私はハイリスク・ハイリターンからはじまって、今はこのステージにいます。

スタートダッシュでは躓いたものの、「考え方」「見方」「やり方」をしっかり積み重ねることで、ようやく、このステージにたどり着いたわけです。

なお、このステージにも読者の参考になる面白い戦略や、売買方法があるのですが、読者層の違いもあるため、また別の機会で紹介したいと思います。

なお、まだ資金額が少ない、スタートダッシュの前半戦にいる投資家が、口座を複数に分けてもそれほどメリットはありません。その点はご注意ください。

第7章

神速株投資術のその先
——自分なりの投資術をマスターしよう

1 相場の動きに対処する方法

ラストとなるこの章では、確実に資産を増やすための、私なりの「やり方」をご紹介します。

基本は、何度も言うように**「相場の動きに対して、あなたがどう動くか」**です。

代表的なやり方を、以下の６つにまとめました。

参考にしてみてください。

（1）分割売買が投資の基本

分割を徹底して、粘り強く勝ちます。

（2）相場がわからないときは、ゆっくりと動く

相場と会話するイメージです。そのうち、相場から答えを示します。

（3）大きく下がったときに積極的に動く

相場の谷を味方につけます。「つなぎ」「カラ売り」を仕掛ける場合はこの逆です。

（4）感情をコントロールすることを覚える

焦りや怒りは選択肢を狭めます。冷静さだけが、あなたの選択肢を増やします。

（5）資金の追加出動は焦らない

相場は逃げません。いつも全力で戦っている投資家は、いずれ必ず負けます。

（6）株式投資のPDCAを回す

最後は自立した投資家をめざしましょう。

どれも大切なやり方です。1つずつ、見ていきましょう。

2

（1）分割売買が投資の基本

相場での戦いは、あなたの予想通りに動くとは限りません。

むしろ、その反対でしょう。

ときには驚くような出来事や、不測の事態に陥ることもあります。

そうしたケースに備えて、あなたができることと言えば、最初から資金を分割して戦うことです。

一見大きく傾いて、強風のたびに倒れてしまいそうな細い竹ですが、大型の台風に対してさえ、強靱な忍耐力を発揮します。

その表面をよく見ると、杉や松などの常緑樹や針葉樹と違い、いくつものデコボコとした節があるのに気づきます。

節があることで「しなり」が加わり、しなりが粘り強さとなって、強風にも倒されることがないのです。


自信があるときこそ、投資資金を分割する。

これは、なかなかできることではありません。

はじめは、抵抗もあると思います。

自信があるときの自分をコントロールするわけですから、それなりの訓練も必要です。

しかし、そうした勇気を持つと、あなたの株式投資に「強さ」と「粘り」の両面が生まれます。

とくに、ほとんどの投資家が分割売買を知りません。

巷の情報を信じて、一括買いを繰り返しています。

あなたが分割売買をおこなうほどに、逆張りと同じ効果をもたらします。

もちろん、最終的には８つの戦略をすべて参考にして、投資シナリオを組み上げてください。

ただ、繰り返しになりますが、**すべてにおいて分割売買が投資の基本**となります。

3

（2）相場がわからないときは、ゆっくりと動く

相場の先行きがわからないときは、焦らず、じっくりと動いてください。

相場と会話するようなイメージです。そのうち、相場からあなたに答えを示してきます。

あなたが相場の先行きがわからないときは、たいていプロの相場師でもわからないものです。これを、プロやファンドの関係者など一部の人間だけが知っていると思うから、焦りが出てくるのです。

身体を動かすことが好きな私は、休日になると、ボクシングなどの格闘技をします。

そんなボクシングには、このような言葉があります。

「自分が苦しいときは、相手も一番苦しい」

相場の未来は、誰にもわかりません。

「買わなきゃ」と気が焦っているときは、常に欲にあなたがコントロールされているときです。焦ったところで、あなたの前から相場はなくなったりしません。こうしたときほど、ゆっくりと動くほうがよいのです。

4

(3)大きく下がったときに積極的に動く

これだけを聞けば、誰もがうなずく話です。

しかし、大勢の投資家が、それができないのはなぜでしょうか。

それは、相場に潜む「恐怖」のせいでしょう。

大きく下がったときにだけ動く。

もちろん、これはとても大事です。

しかし、今のあなたであれば、そのあとの戦略の組み合わせも大切だと気づくはずです。

早めの出動をしてしまっても、分割買いで、ゆっくりと仕掛けていれば、あとからでも十分カバーできます。

結局、**最後は自分自身の経験や技術、恐怖心との戦い**なのです。

ただ、プロの相場師でもなかなか自分をコントロールできないわけですから、「分割」「ゆっくり」「下がったら出動する」など、いくつものやり方を組み合わせて、最適な答えとなるようにしていくわけなのです。

5

(4)感情をコントロールすることを覚える

とくに、自分の感情をコントロールできない投資家は、なかなかアマチュアから脱出できません。

それには、明確な答えがあります。

怒りや焦りは、戦場での選択肢を狭めてしまうからです。

「破壊」とは、どのような感情のときに起こるでしょうか。

それは、あなたの感情が沸点に到達したときです。

感情にまかせて、目の前の机を破壊する。こんなことは、誰にでもできます。それこそ、小学生の子供にでも。

しかし、机を丹念に調べて、さらに使いやすくできるのは、冷静さを失わない大人だけです。

株式投資においては、資金力と実力が拮抗している場合は、最終的には選択肢が多いほうが勝ちます。

これは、相場に限った話ではないでしょう。

ポーカーなどのカードゲームや麻雀も同じなはずです。

勝ち負けの判定が、不特定多数が参加するゲーム盤の上で繰り広げられる以上、幹となる部分は似ていて当然なのです。

そして、選択肢を増やす秘訣があるとすれば、それは「情報」という名の将軍を右側に、「戦略」という名の将軍を左側において、中央のあなたは常に冷静でいることなのです。

（5）資金の追加出動は焦らない

株で1億の資産を形成するまでには、何度か「ここぞ！」という勝負どころがありました。

実際、少ない元手で1億以上の資産を形成しようと考えた場合、少なくとも「あのとき勝負を仕掛けたから今がある」と感じるタイミングがあるものです。

ただ、勝負どころを読み違えると、そのまま相場からの退場につながります。

運良く退場につながらなくとも、損失を埋めるためには、多大な労力が必要となります。

大きな勝負を仕掛ける以上は、負けることは許されません。

大勝負では、絶対に勝たなければならないわけです。

そのためには、勝負どころの見極めも肝心です。

「ここは勝負どころだ」というタイミングが来るまでは、追加の資金出動は控えるべきなのです。

では、そのタイミングはどこにあるのか。

もちろん、未来のことは私にもわかりません。

そのため、明確なそのときを伝えることは不可能です。

ただ、私の経験から言えば、それはあなたがビリビリと全身でそうだと感じたタイミングより、ひとつ遅いタイミングで訪れます。

そのとき、追加出動して攻勢に出る資金があるのか、精根使い果たして恐怖の中で頭を抱えているのか、が勝敗を分けます。

なお、私が運営するブログでは読者の参考までに、相場の先行きを不定期で紹介しています。

もちろん、大きく外れることもあります。それでも興味があれば、たまに覗いてみるとよいかもしれません。

＊ https://ameblo.jp/kamioka2014/

(6)株式投資のPDCAを回す

さて最後は、株式投資のPDCAについてです。PDCAを回して、自分がどのような失敗をしやすいのか、どういうタイプの性格なのかを把握して、自分だけの投資スタイルを確立していきます。

失敗したらその理由を探して、すぐに軌道修正する。

経験から積極的に学んだことは、あなただけの貴重な財産となります。失敗の原因を突き止めることからしか、「再現性」は生まれないからです。

これを、スポーツ心理学や社会情報学では、「体験の水平展開」といいます。同じことを繰り返すことで、感覚として強化していくわけです。

身体がリズムを覚えると、同じシーンやタイミングが来たとき、脳や指先が覚えていて、勝手に最高のパフォーマンスを発揮できるときがあります。

イチローがバッターボックスで同じ姿勢、同じ動きを繰り返すのは、バットの芯でクリーンヒットを打つことの再現性を、とことん追求した結果にほかなりません。

8

株式投資のPDCAの実践方法

そのためには株式投資をおこなったさいに、あなたが今できる範囲でかまいません、まずは投資結果の検証をおこなってください。

コツは売買をおこなう前に立てた戦略のシナリオを、手仕舞いしたあとで、「どうしてここで買おう（売ろう）と思ったのか」と理由を考えることです。

なぜ、今回は成功したのか。あるいは、なぜ、今回は失敗したのかを考える癖をつけるのです。

将棋では勝敗が決したら、それで終わりません。

勝者と敗者が一緒になって、一手ごとにプロセスをさかのぼり、互いに立てた戦略のシナリオの検証をおこないます。

分岐するシナリオごとに新しい仮説を立てて検証し合い、技術を切磋琢磨していくわけです。それは、もちろん個人の技術を伸ばす効果があります。また同時に、将棋界全体の発展のためでもあるのです。

9

失敗ノートは簡単かつ効果的

ＰＤＣＡが難しいのであれば、あなただけの**「失敗ノートを作る」**という方法もあります。じつは、私もスタートダッシュをしている最中は、失敗ノートをつけていました。

ノートといっても、内容はすべて箇条書きです。

私の場合は、パソコンの付箋メモを使っていました。

左図の画面イメージのように、デスクトップの右上に置いて、常に目に入るように表示しておきました。思いつくまま、そのときの心情を箇条書きでタイピングするのであれば、それほど苦労せず、誰でもできるはずです。

ネット証券を利用しているため、売買するたびに目にもとまります。

やってみた感想をいえば、「予想以上に効果がある」です。

図表32のように失敗ノートを張り出しておくだけで、何度も記憶に刷り込まれます。すると、不思議と売買していても、失敗ノートの内容を思い出してうまく立ち回れるようになるのです。

図表32 私の失敗ノート

大きな失敗のあとや大勝負を仕掛ける前に、気持ちを落ち着かせる働きもしてくれます。

1000人の投資家がいれば、そのやり方が1000通りあって当然です。

最終的には、前述したように自立した投資家を目指すことです。そのためにも、投資のPDCAは大切です。

自分自身でPDCAを回して、自分だけの投資スタイルを手に入れてください。

なにが正解なのかは、あなた自身が答えを見つけるべきです。

日々そのための「考える習慣」を作るきっかけに、本書がなればと願っています。

おわりに

今日からあなたは、私にとって株式投資のライバルです。ここまで必死に成長しようと学んできたあなたに、数々の無礼な発言があったことを心からお詫びします。

私は、あなたには真剣に株式投資で成功してほしい。そう考えています。だから、耳に痛い話も数多くしてきました。

一方で、本書で紹介する株式投資の「考え方」「見方」「やり方」の3つをきっちり押さえれば、見違えるほど相場の視野は広がります。視野はそのまま、あなたの選択肢の拡張にもつながります。

神速株投資術をマスターしたならば

そして神速株投資術をマスターしたならば、あとは自分なりの投資術を見つけることです。

そのために、最後にあなたに伝えたい、大切なことが2つあります。

・行動した結果が成果につながっているか、日々、しっかりと振り返ること
・足りないことは、相場からつねに学んで、成長し続けること

学び続けている人は、他人のせいにしません。上手くいかないのは、自分の「学び」と「成長」が足りないからだと思うように、考え方自体が変化するからだと思います。投資家は正しい判断を自分でおこなえるようになって、はじめて相場で自立したといえるようになります。そこには、年齢や学歴は関係ありません。

以下は、伝説の投資家として知られたウォーレン・バフェットの言葉です。

ウォール街とは、立派なスーツを着た大企業のオーナーたちが、運転手付きの革張りの高級車にのって、ラッシュ時の地下鉄で通う金融会社のサラリーマンに、頭を下げて投資の助言を乞う、唯一かつ喜劇的な場所である。

ウォーレン・バフェット

どのような投資家でも、真に自立していく過程において、成功者になるのです。この本を読んだあなたの人生が、より豊かに素晴らしくなることを心より祈っています。

巻末付録
実践に適した おすすめ８銘柄はこれ！

８つの戦略を活用したうねりチャートの分割売買、つなぎ、カラ売りの練習に適したチャートを８つご紹介します。

まずは、これらを対象に売買の練習をしてみるといいでしょう。

※すべて１年チャート

ＵＡＣＪ（5741）

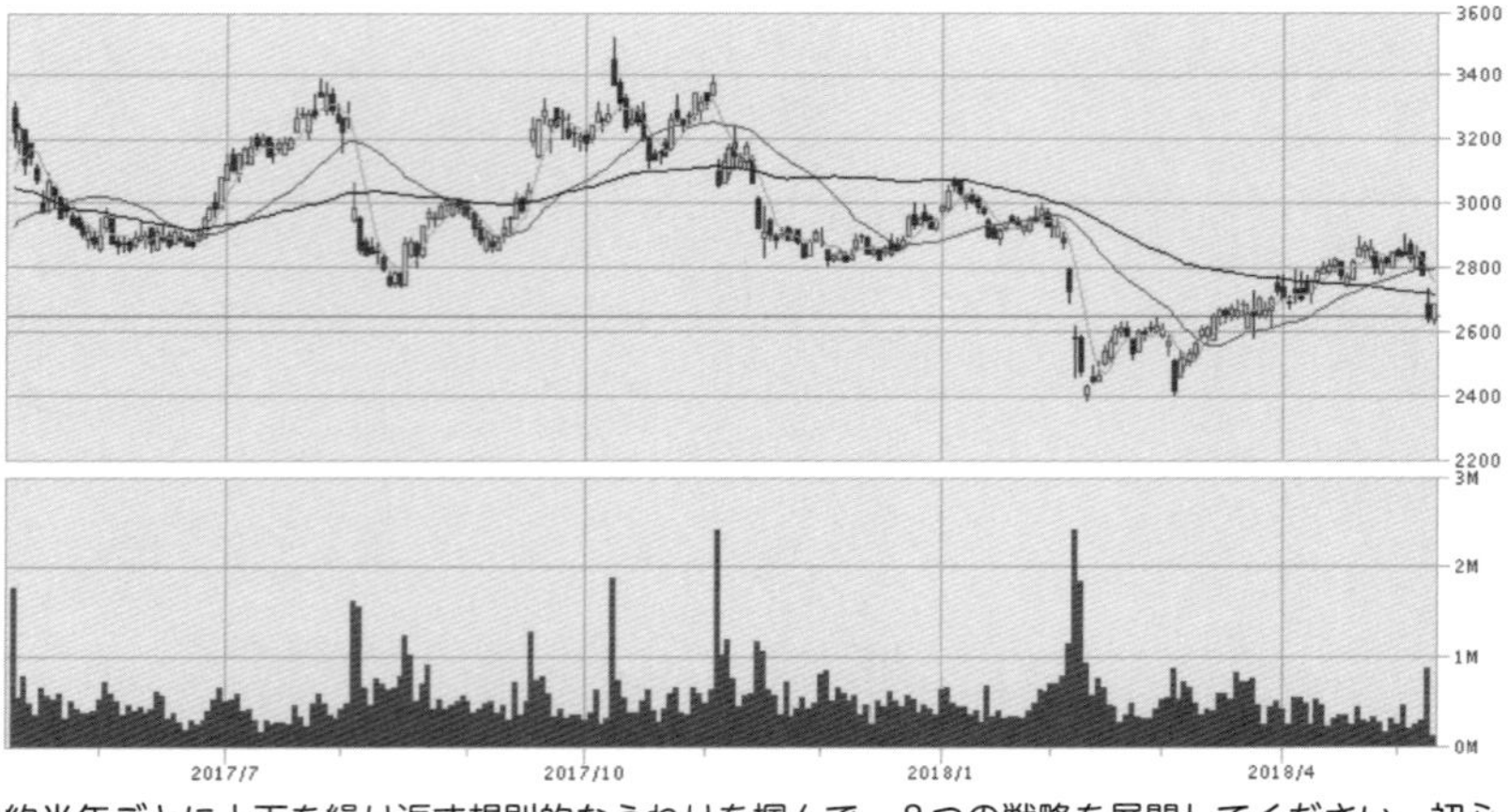

約半年ごとに上下を繰り返す規則的なうねりを掴んで、８つの戦略を展開してください。初心者向けです。

四国電力 (9507)

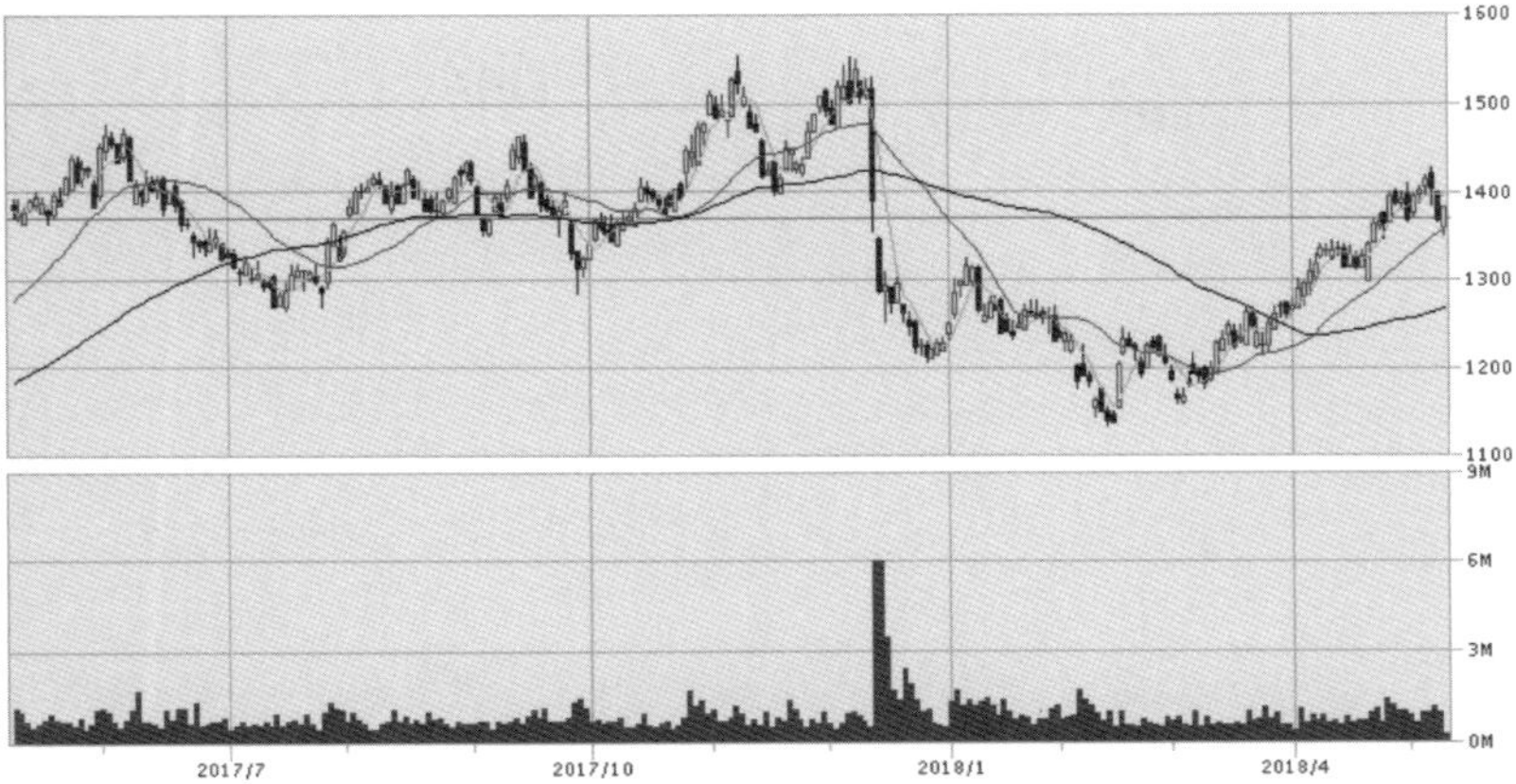

数年ごとに浮き沈みを繰り返す循環銘柄。しっかり底値を捉えれば、買いから入る分割売買の練習に適しています。

鳥取銀行 (8383)

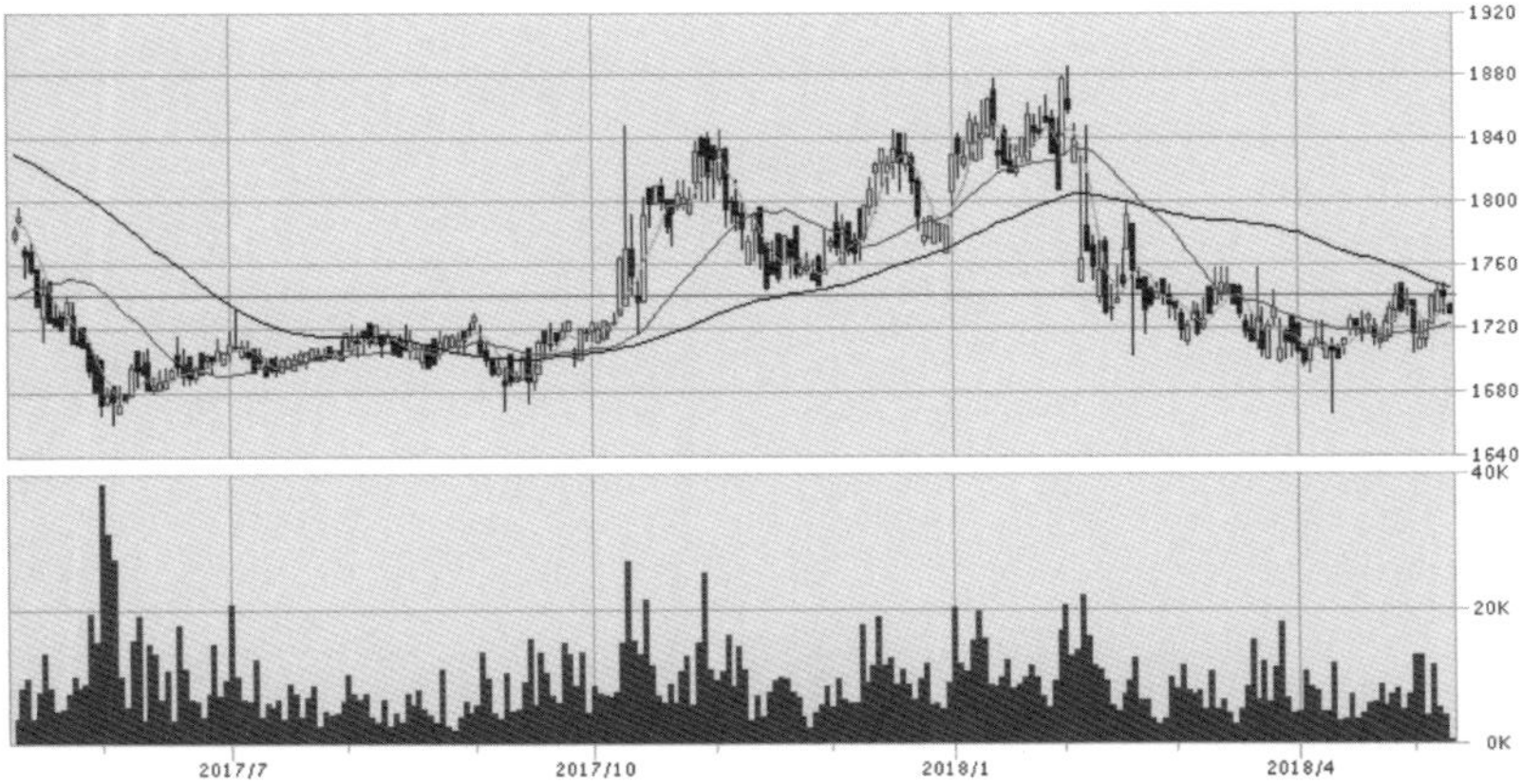

銀行株もトレンドをおさえることで、底値の固い、安定したうねりチャート売買が可能です。

日本農薬 (4997)

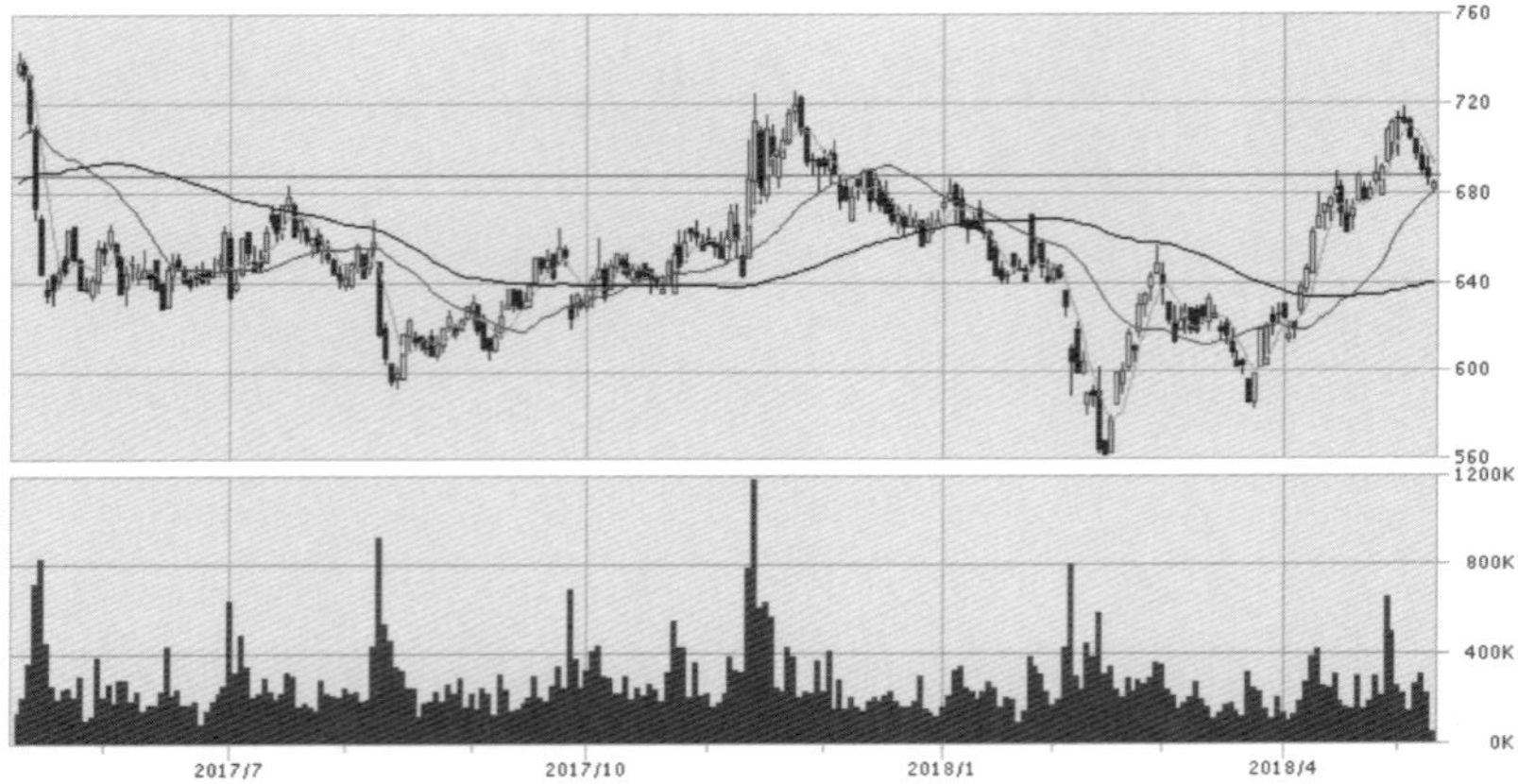

分割売買で底値さえおさえていれば、保有、つなぎ、カラ売りと様々な戦略を繰り出す練習になります。

日本車輌製造 (7102)

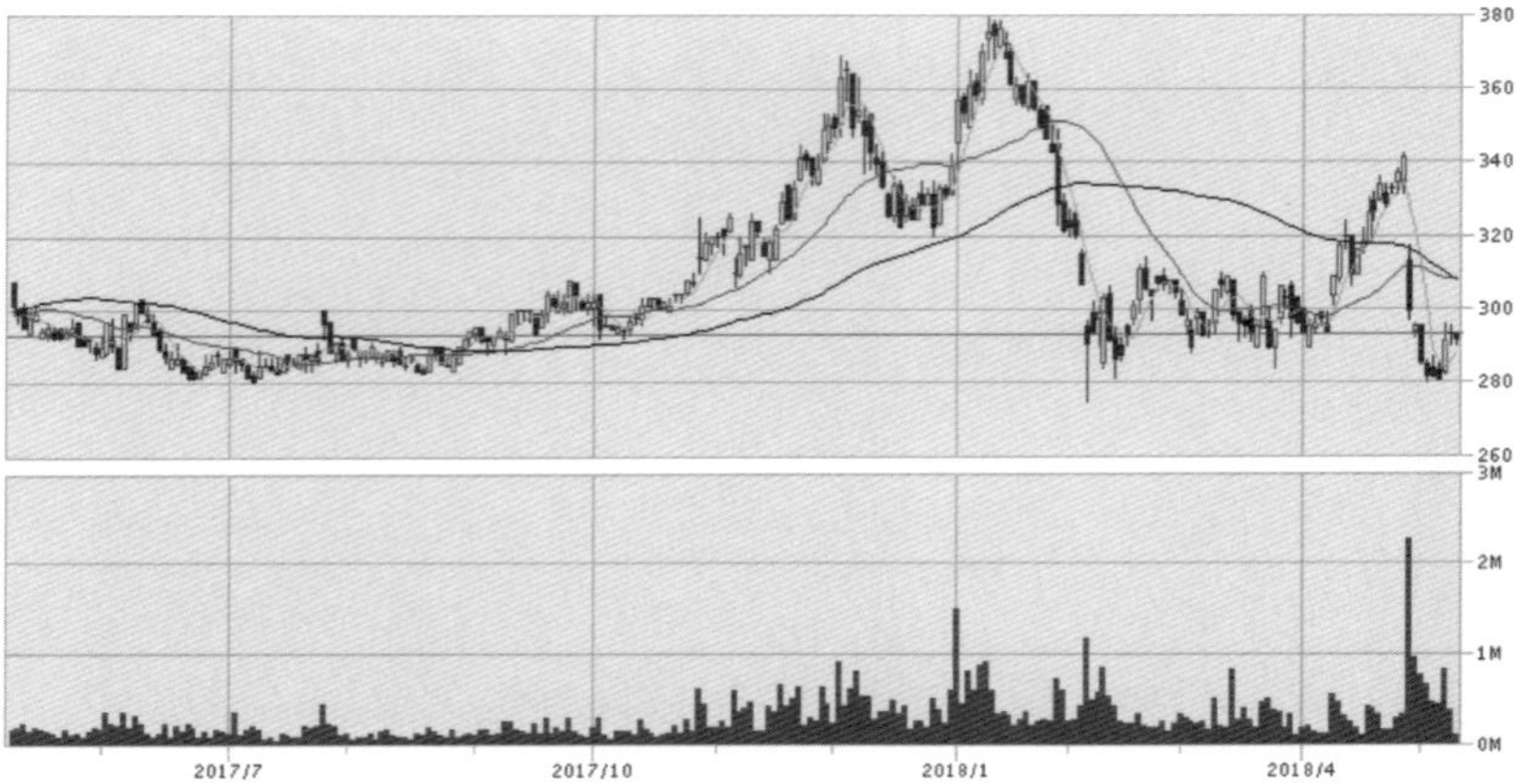

底値を見極める練習に使います。二段下げ、三段下げを想定しながら、中長期で勝ちを狙ってください。

大平洋金属 (5541)

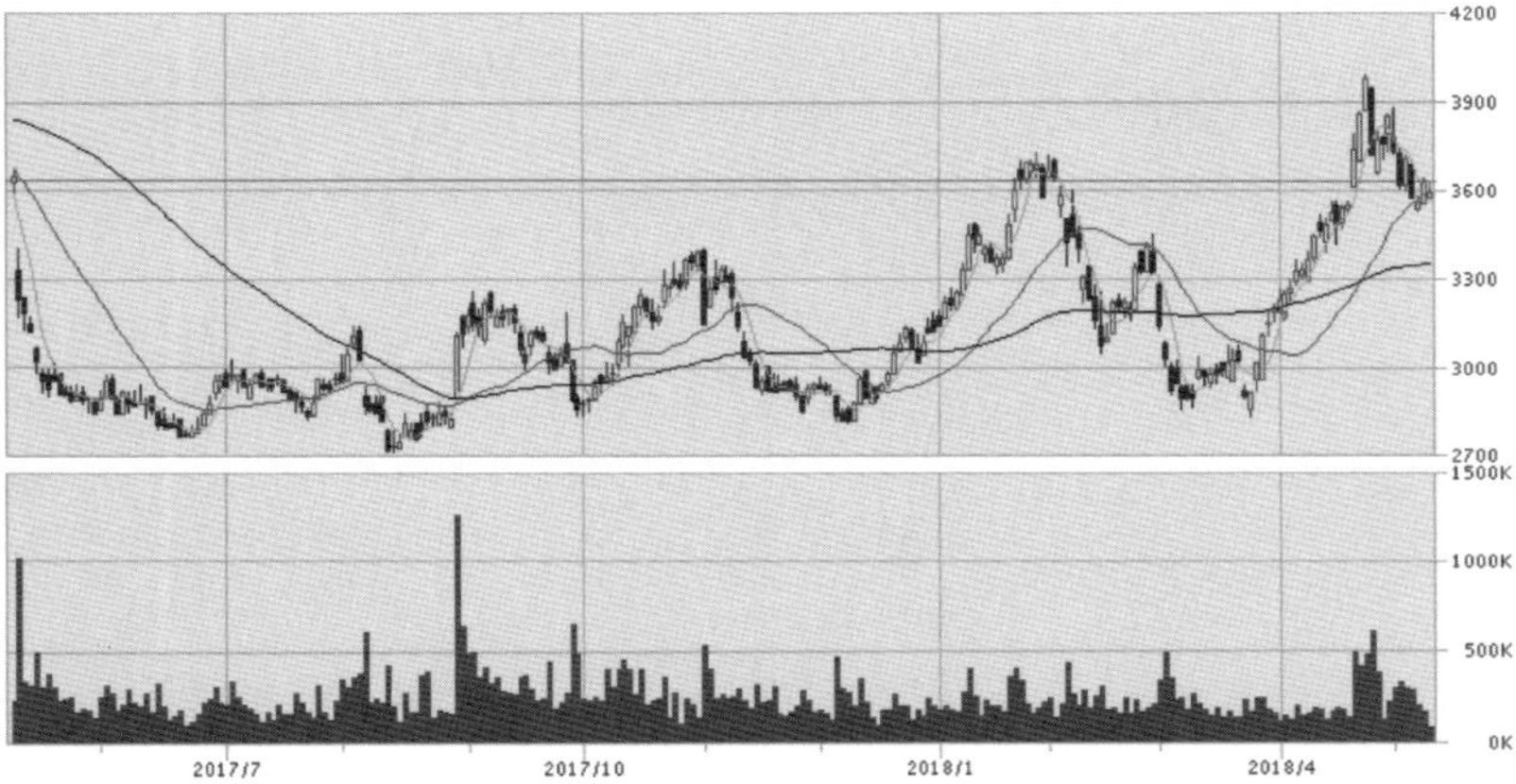

見て分かるとおり段階的にうねりを切り上げています。こうした銘柄は規則性が高いので、8つの戦略の練習にはもってこいです。

イビデン (4062)

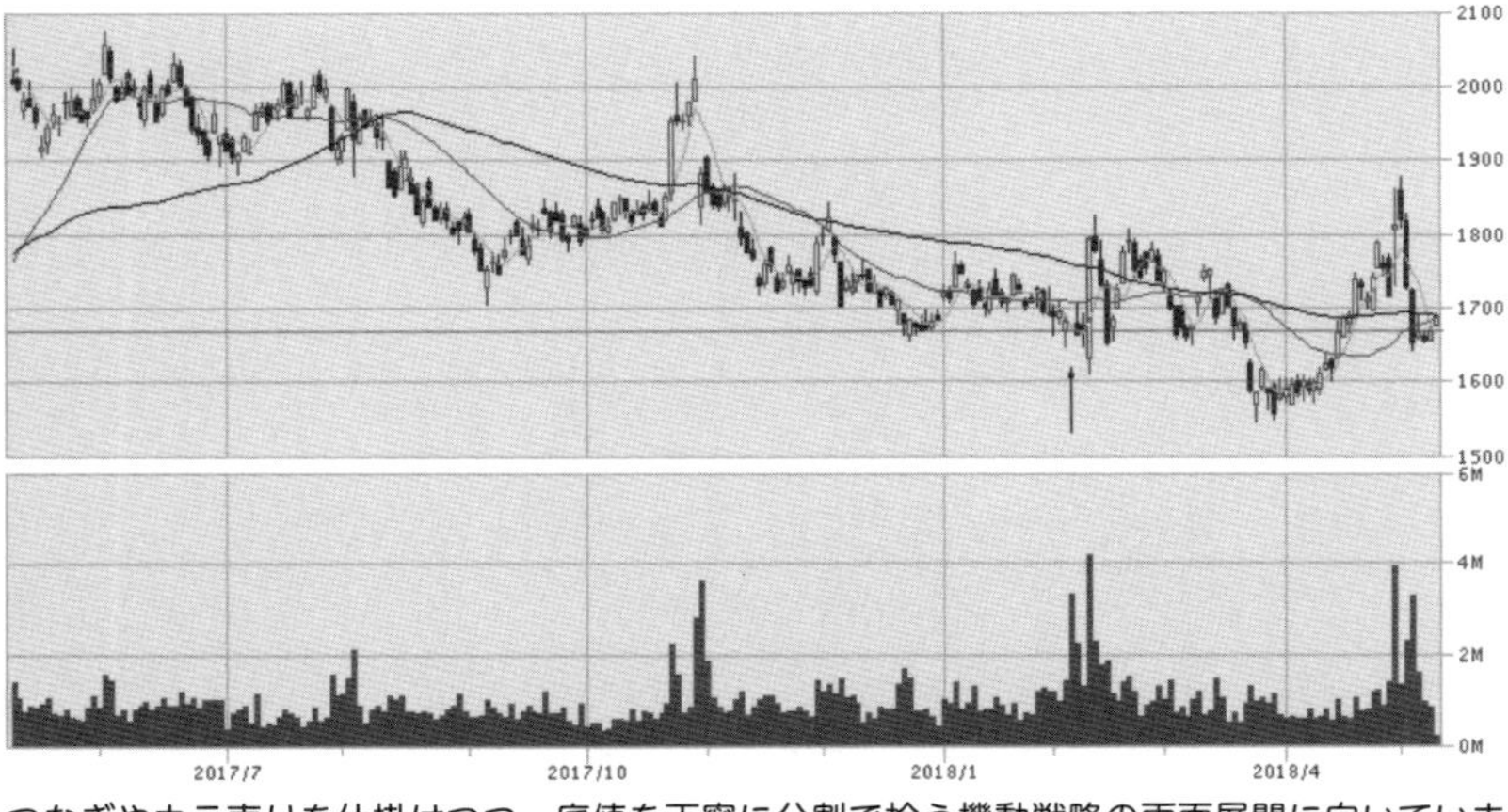

つなぎやカラ売りを仕掛けつつ、底値を丁寧に分割で拾う機動戦略の両面展開に向いています。

三菱重工業 (7011)

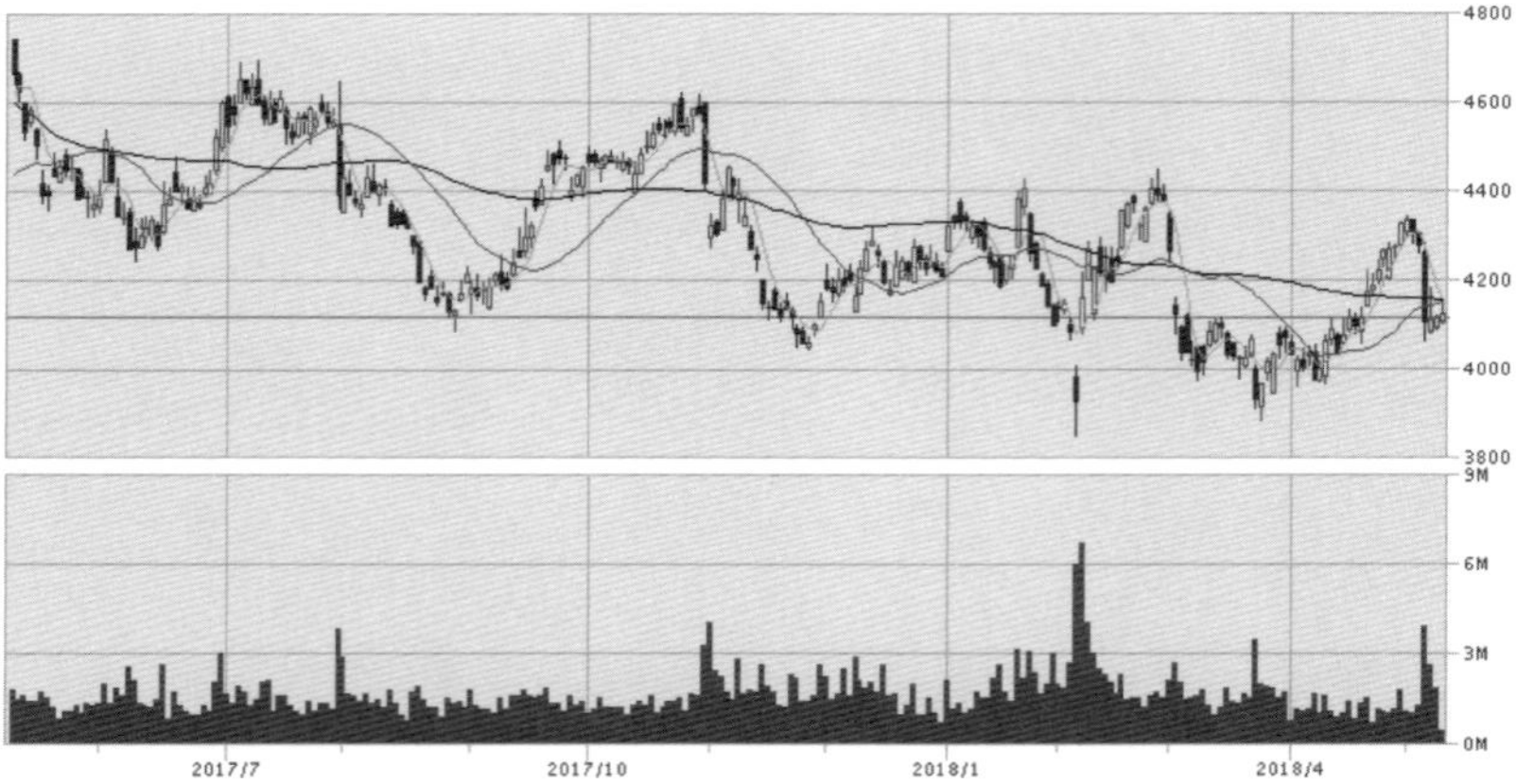

同じく、機動戦略向きのチャート。潮目が変わるまでは、つなぎ売買の練習になるはずです。

［著者］
上岡正明（かみおか・まさあき）
株式会社フロンティアコンサルティング代表取締役社長
1975年生まれ。放送作家を経て、27歳で戦略ＰＲ、ブランド構築、マーケティングのコンサルティング会社を設立し、独立。現在まで16年間、実業家として会社を経営する。これまでに、大手上場企業など200社以上の企業ブランド構築、スウェーデン大使館やドバイ政府観光局などの国際観光誘致イベントやＰＲなどを行う。起業する一方で、同じ時期に元手200万円で株式投資をスタート。以後、リーマンショックと東日本大震災という２度の破算危機を持ちこたえ、2014年に株の保有資産1億円を達成。現在は保有資産２億円に到達。
多摩大学大学院経営情報学研究科修了（MBA）。東京都中小企業振興公社講師、学校法人バンタンＪカレッジ客員講師、日本行動心理学協会会員、日本認知科学会会員、日本神経心理学会会員、行動経済学会会員、一般社団法人日本行動分析学会会員。

上岡正明のオフィシャルブログ
https://ameblo.jp/kamioka2014/

２億円稼いだ投資家が教える！
神速株投資術

2018年７月11日　第１刷発行

著　者――上岡正明
発行所――ダイヤモンド社
〒150-8409　東京都渋谷区神宮前6-12-17
http://www.diamond.co.jp/
電話／03･5778･7234（編集）　03･5778･7240（販売）
装丁デザイン―萩原弦一郎（２５６）
本文デザイン・DTP―二ノ宮匡（ニクスインク）
本文イラスト―坂木浩子（ぽるか）
校正――――鷗来堂
製作進行――ダイヤモンド・グラフィック社
印刷――――加藤文明社
製本――――加藤製本
編集担当――高野倉俊勝

ISBN 978-4-478-10464-4